Rundum

TEMPELHOF

Lichtenrade • Mariendorf • Marienfelde • Tempelhof

Katrin Schwahlen

L&H VERLAG

INHALT

94 Marienfelde: Ein Ort mit vielen Gesichtern

Liebe Leserinnen,
liebe Leser,

um es gleich vorwegzunehmen: Dieses Buch ist unvollständig. Es kann nur unvollständig sein, denn ein Ort, so bunt und vielfältig wie Tempelhof, kann niemals ganz und gar beschrieben werden.

Manche Leute mögen Tempelhof für überschaubar halten: Im Norden etwas Kunst und Kultur, im Süden viel Grün und Geschichte, dazwischen Sport, Verkehr, ein Kanal, ein paar Fabriken. Doch zwischen Platz der Luftbrücke und Lichtenrader Mauerweg, zwischen Industrie und Einfamilienhäusern gibt es viel mehr zu entdecken. Manches ist offensichtlich, an einigen Orten muss man etwas genauer hinschauen; anderes ist versteckt und will erst gefunden werden.

Wer aufmerksam durch die Straßen schlendert, stellt fest: Tempelhof ändert sich, wird jünger, abwechslungsreicher und internationaler – von der Freizeit über Kunst und Musik bis hin zu Handel und Industrie. Die ist übrigens, ebenso wie der Verkehr, ein Kapitel für sich, denn weder U-Bahn noch Straßen und Gewerbegebiete hören an den Ortsgrenzen auf.

Vor allem sind es die Menschen, die Tempelhof zu etwas Besonderem machen: Menschen wie der Regierende Bürgermeister Michael Müller und Sigrid Niemer aus der ufaFabrik. Menschen, die hier geboren wurden oder erst später hierher kamen. Junge und alte Menschen, aus Deutschland, der Türkei und Afrika. Sie alle tragen dazu bei, dass Tempelhof, Mariendorf, Marienfelde und Lichtenrade so großartig, unterhaltsam und vielseitig sind.

Mit diesem Buch möchte ich Sie einladen zu einem Spaziergang durch einen aufstrebenden Bezirk, der gerade aus seinem Dornröschenschlaf erwacht.

Wenn in diesem Buch von Bezirk die Rede ist, meine ich damit den alten Bezirk Tempelhof.

Katrin Schwahlen

Tempelhof
Traditionell modern

Möglicherweise ist Tempelhof der bewegendste der vier Ortsteile im Bezirk: Hier beginnt das Abenteuer Luftfahrt, hier spielen Militär und Politik über Jahrhunderte eine größere Rolle als woanders. ufaFabrik und Ullsteinhaus, Fliegerviertel, Film und Fernsehen haben Tempelhof zu dem gemacht, was es ist: ein Ort von Tradition und Moderne, Beständigkeit und Veränderung – und der Heimatkiez des Regierenden Bürgermeisters.

Michael Müller,
Regierender Bürgermeister
von Berlin

ZU HAUSE IN NEU-TEMPELHOF

„Tempelhof wird gerne unterschätzt", sagt Michael Müller, Berlins Regierender Bürgermeister. 1964 in Tempelhof geboren, geht er hier zur Schule, wird hier konfirmiert, arbeitet hier als Drucker. Und wohnt heute noch immer dort. „Es ist sehr zentral. Man ist schnell in Steglitz, am Kudamm, im Roten Rathaus, im Willy-Brandt-Haus und im Preußischen Landtag. Viele Orte, wo ich ja auch seit Jahren arbeite. Hier gibt es kleine Parkanlagen, es ist ein grünes gemischtes Wohnquartier mit kleinen Häusern, wo man auch gut spazieren gehen kann. Und ganz besonders hier hat man eben auch Einkaufsmöglichkeiten."

Gemeint ist die Manfred-von-Richthofen-Straße, die halbbogenförmig durch die Gartenstadt führt und die, nach ein paar schlechten Jahren, neuen Aufschwung erlebt. Viele kleine Läden, Cafés und Büros schaffen eine entspannte Atmosphäre: Schaufenster mit originellen Angeboten, aber auch alles, was man für den Alltag braucht, bekommt man hier. Wo sonst findet man einen Schreibwarenladen wie den Papierkorso, der vom Schulheft bis zum Bürobedarf alles hat? Bei Madame Tee gibt es feine Tee- und Kuchenspezialitäten, traumhafte Geschenke und Accessoires. Die Bücherstube ist eine kleine, aber feine Buchhandlung. Optiker, Friseur, Butter Lindner, Boutiquen, Restaurants machen das gute Leben im Bezirk aus.

Die Buchdruckerei Müller an der Manfred-von-Richthofen-Straße/Ecke Bayernring ist eine der letzten ihrer Art in Berlin, die noch den traditionellen Buchdruck beherrscht. In der kleinen Ladenwerkstatt, in der Michael Müller viele Jahre als Drucker gearbeitet hat, fällt vor allem die Original Heidelberger Druckmaschine auf – und ein Bild von Willy Brandt mit Mandoline und Zigarette. Familie Müller ist eine SPD-Familie, schon Mutter Margrit und

Vater Jürgen sind Sozialdemokraten, und auch Oma Margot sei Genossin gewesen, bevor sie später zur CDU wechselt, erzählt der „Regierende".

Er selbst tritt schon als Schüler in die Partei ein, da ist er gerade 17 Jahre alt. Zu diesem Zeitpunkt weiß er noch nicht, dass er einmal der bedeutendste Politiker Berlins sein wird. Geplant hat er die politische Karriere nicht. „Ich hatte ja nicht gedacht, dass ich mal Abgeordneter werde. Politik war immer mein Hobby. Aber man kann ja gerade in der Politik nur bedingt Karriereplanung machen. Es war dann für mich persönlich ein Glücksfall, dass ich mein Hobby zum Beruf machen konnte."

Auf dem Gymnasium sei er nicht der Fleißigste gewesen, erzählt Müller in einem Interview mit der Berliner Morgenpost, deswegen habe er den mittleren Schulabschluss an der Gustav-Heinemann-Schule in Marienfelde gemacht. Nach Fachoberschule und kaufmännischer Lehre steigt der Filius in die väterliche Druckerei ein – und bekommt hautnah mit, was das Arbeitsleben von Selbstständigen ausmacht, wenn Aufträge zu spät bezahlt oder Gewerbemieten von einem Monat auf den anderen erhöht werden. Das prägt ihn bis heute und verleiht seiner Politik etwas Bodenständiges. Deutschlands einziger Spitzenpolitiker ohne Abitur und Studium

Heidelberg-Druckmaschine in der Druckerei Müller

hat eben eine andere Perspektive auf das, was die „kleinen Leute" brauchen. Viele von ihnen haben gleich um die Ecke Geschäfte, betreiben Einzelhandel, Gastronomie und Gewerbe.

Von der Druckerei sind es nur wenige Schritte bis zum Schulenburgring 2, wo heute noch der Vater von Michael Müller wohnt - ein wahrhaft historischer Ort. Hier unterzeichnet am 2. Mai 1945 General Helmuth Weidling den Befehl, sofort die Kampfhandlungen einzustellen. Für Berlin bedeutete dies das Ende des Krieges.

Zwei Jahre zuvor endet am selben Ort das Familienleben der Juden Rosa und Artur Grunwald. Seit 1919 wohnen die ehemalige Privatsekretärin und ihr Mann, ein selbstständiger Handelvertreter, in dem Mehrfamilienhaus. Doch im März 1943, der ältere Sohn Fritz ist schon vier Jahre zuvor in die USA emigriert, holt die Gestapo die Eheleute ab und versiegelt die Wohnung. Carl, der jüngere Sohn, wird von Nachbarn versteckt. Doch nur zwei Monate wird auch er entdeckt und wie seine Eltern nach Auschwitz deportiert. Von Rosa und Artur Grunwald verliert sich dort jede Spur. Carl stirbt „am 23. März 1945, nur wenige Tage vor der Befreiung des Lagers durch die US-Armee ... Der Bruder Fritz überlebte den Holocaust und wohnt heute (Stand: Januar 2013) unter dem Namen Frederick Greenwood in den USA."[1]

2004 werden Stolpersteine vor dem Haus verlegt, die an die Grunwalds und an die anderen jüdischen Familien erinnern, die von hier deportiert wurden. Familie Müller und die Hausgemeinschaft haben das antiquarische Hausbuch gefunden. „Das war früher so üblich. Es wurden die Mieter aufgeführt, Ein- und Auszüge, wer was von Beruf ist. Im Hausbuch kann man nachlesen, wer eingezogen und nie ausgezogen ist. Aber auf einmal weg war. Man sieht, dass Familien offensichtlich deportiert wurden." Wer mehr wissen möchte über das Haus und seine weltgeschichtliche Bedeutung, findet viele Informationen auf der Webseite von Joachim Dillinger, der seit 1971 dort wohnt und das antiquarische Hausbuch hütet.[2]

Seit mehr als 30 Jahren verschreibt Michael Müller einen großen Teil seines Lebens kontinuierlich der Berliner Politik: als Mitglied erst der Bezirksverordnetenversammlung, dann des Berliner Abgeordnetenhauses, als Fraktions- und Landesvorsitzender der

SPD, Senator für Stadtentwicklung und Umwelt. Als solcher muss er 2014 hinnehmen, dass der Bevölkerung seine Bebauungspläne für das Tempelhofer Feld nicht gefallen. Das wird ihm noch lange wehtun, doch Müller ist auch Pragmatiker. Er weiß, wie der politische Hase läuft und muss sich und anderen nichts mehr beweisen. Sein unaufgeregtes Handeln und sein Zuverlässigkeit schätzen die Berlinerinnen und Berliner sehr; schon vier Monate nach Amtsantritt erreicht Müller im März 2015 Beliebtheitswerte, die weit über denen seines Vorgängers liegen.

Michael Müller am historischen Ort Schulenburgring 2

Was ihn sympathisch macht, ist seine Verbundenheit: mal mit Freunden abends ein Bier trinken gehen, das Sonntagsfrühstück mit der Familie und im Sommer draußen Musik hören. „Jazz im Park – das ist wirklich gut", schwärmt Müller. „Die Open-Air-Konzerte sind wirklich großartig, da kommen 150, 200 Leute. Es kommt eine kleine Band, es gibt ein Glas Wein." Initiiert wird die Veranstaltung vom Nachbarschaftsverein Parkring e.V. an jedem ersten Freitag im Monat, von Mai bis Oktober unter der Parkringbrücke zwischen Schreiber- und Wolffring. Seit der Vereinsgründung 2006 kümmern sich Anwohnerinnen und Anwohner um Parks und Plätze in der Gartenstadt: Sie haben u.a. den Rosengarten am Rumeyplan rekonstruiert und Bankpatenschaften initiiert.

Die Gegend kennt Müller schon seit Kindertagen. Am Planscher, dem etwas ungewöhnlichen Wasserspielplatz, hat er sich als Schüler mit Klassenkameraden getroffen. „Auch meine Kinder haben hier gespielt. Das ist wirklich nett, weil man sie hier völlig unproblematisch rumrennen lassen konnte." Und die Kleinen freuen sich, wenn die kleinen Flussläufe im Sommer geflutet werden und sie mit nackten Füßen hindurchpatschen können.

Neu-Tempelhof ist ein begehrtes Wohnviertel geworden. In den vergangenen Jahren habe es in der Gartenstadt einen großen Generationswechsel gegeben, sagt Müller: „Viele jüngere Familien haben die Häuser der Eltern oder Großeltern übernommen." Und wenn es jetzt noch ein größeres kulturelles Angebot für alle Altersgruppen gäbe, ein Kino, eine Galerieszene, dann wäre der Heimatkiez von Berlins Regierendem Bürgermeister perfekt. Denn dort wohnen bleiben will er auf jeden Fall. „Tempelhof ist doch ein schöner Ort zum Wohnen."

RING FREI FÜR DIE GARTENSTADT

Berlin und seine Bebauungspläne scheinen immer etwas Besonderes gewesen zu sein, speziell in Tempelhof. Mitte des 18. Jahrhunderts sind es die Tempelhofer Bauern, die das „große Feld" zwischen Schöneberg und ihrem Dorf als Ackerland nutzen. Doch auch das Preußische Militär erkennt die Vorteile der weiten Fläche, hält immer öfter Paraden und Truppenübungen dort ab und kauft sie 1828 den Bauern ab. Als das Kriegsministerium das Gelände verkaufen will, ist die Stadt Berlin interessiert. Der Landkreis Teltow und die Provinz

Wohnhaus am Platz der Luftbrücke, entworfen von Bruno Möhring

Brandenburg erheben ebenfalls Ansprüche und sind der Meinung, das Feld gehöre zu Tempelhof, also zu ihrem Territorium.

Idyllisch wohnen in der Gartenstadt

Obwohl Tempelhof gar nicht zu Berlin gehört, legt die Stadt einen Bebauungsplan vor, der die Tempelhofer Parkanlagen mit dem Kreuzberger Viktoriapark verbinden soll. Dazu soll das Dorf im Süden eingemeindet werden. Währenddessen sind sich Tempelhof und das Kriegsministerium einig geworden. In Zusammenarbeit mit Banken und Immobilienunternehmern wird die *Tempelhofer Feld Aktiengesellschaft für Grundstücksverwertung* gegründet. Wie man heute weiß, waren schon damals Spekulation und Korruption mit im Spiel, trotzdem kann die Gemeinde Tempelhof 1910 den westlichen Teil des Tempelhofer Felds für 72 Millionen wieder zurückkaufen – es ist das bis dahin größte Immobiliengeschäft. Die arme Gemeinde braucht dringend finanzstarke Einwohner, und die wollen anständige Wohnungen.

Deshalb wird das Wohnviertel auf dem Feld großzügig geplant: mit viel Grün, lockerer Bebauung, zwei Kirchen, fünf Schulen, U-Bahn-Anschluss und elektrischer Straßenbeleuchtung. Für den Platz der Luftbrücke entwerfen Bruno Möhring und Hermann Speck zwei halbrund geschwungene Wohn- und Geschäftshäuser. Zu ebener Erde sind Läden untergebracht, in den Obergeschossen hochherrschaftliche Wohnungen mit fünf bis sieben Zimmern, mit denen vermögendere Bevölkerungsschichten nach Tempelhof gelockt werden sollen.[3]

Bis 1914 werden mehrgeschossige Mietskasernen zwischen Dudenstraße, Manfred-von-Richthofen-Straße, Kaiserkorso und Tempelhofer Damm gebaut, doch wegen des Kriegs werden die Baumaßnahmen erst unterbrochen und nach dem Krieg ganz eingestellt. Stattdessen soll jetzt – nach dem Vorbild englischer Gartenstädte – eine Kleinhaussiedlung mit viel Grün entstehen.

Ab 1920 zwischen General-Pape-Straße und Tempelhofer Damm gebaut, wird Neu-Tempelhof zur größten gemeinnützigen Siedlung Berlins: 2.000 zweigeschossige Doppel- und Reihenhäuser mit drei bis fünf Zimmern sollen entstehen, mit Garten vor und hinter dem Haus. Kosten? Zwischen 13.000 und 20.000 Reichsmark, das sind ungefähr 55.000 bis 85.000 Euro. Ursprünglich gedacht ist das Quartier für die zurückgekehrten Soldaten des Ersten Weltkriegs und ihre Familien, doch sind es eher junge Angestellte, die es in der Weimarer Republik hierher zieht.

Vom Platz der Luftbrücke führt die Manfred-von-Richthofen-Straße durch die Gartenstadt bis zum S-Bahnhof Tempelhof. Dort, am südlichen Ende der knapp ein Kilometer langen Straße verlässt man die Eigenheimidylle durch ein gelb gestrichenes vierstöckiges Portal, das aussieht wie ein Stadttor – hier rauscht der Verkehr über den Tempelhofer Damm, hier rattert die S-Bahn, hier ist wieder Großstadt.

Im Mittelpunkt der Siedlung liegt der Adolf-Scheidt-Platz mit dem Storchenbrunnen. Der Platz ist benannt nach dem preußischen Staatssekretär, der sich schon früh für die Gartenstadtbauweise ein-

Storchenbrunnen
am Adolf-Scheidt-Platz

gesetzt hat. Sieben Meter hoch ist der Brunnen mit zwei Störchen auf der Säule. Aus Muschelkalk gebaut und mit Wasserrohren aus Bronze erfreut er seit 1931 Groß und Klein in der Gartenstadt. Vielleicht glaubt man damals noch an den Storch, der die Babys bringt. Denn seinen Namen soll der Brunnen bekommen haben, weil die Familien in der Gartenstadt damals sehr viele Kinder hatten. Um das Wasserbecken, das einen Durchmesser von fünfeinhalb Metern hat, sind Skulpturen spielender Kinder und Tiere gruppiert.

Blick von der Boelcke-Brücke auf See und Rundkirche

Umgeben ist der Adolf-Scheidt-Platz vom Parkring, einem großen Grünstreifen mit Teich und Wasserläufen, Brücken und Spielplätzen, Bäumen und Sitzgelegenheiten. Zwischen Manfred-von-Richthofen-Straße und Loewenhardtdamm werden, etwas tiefer gelegt, zwei Parks mit Weiher angelegt, der „östlich der Boelcke-Brücke als geometrische Anlage mit Plansch- und Ruderbecken, westlich davon als See mit natürlichen Ufern ausgebildet war."

Bis heute erhalten sind die Skulpturen an der Boelckebrücke: Am Mittelpfeiler die Kindergruppen von Ernst Seger, an der Westseite die Plastik zweier Knaben und gegenüber ein sich umarmendes Pärchen. Am Loewenhardtdamm ist die Brücke wie eine Staumauer gebaut, um den Höhenunterschied zum Bäumerplan auszugleichen. Ein Wasserspeier mit Bärenkopf ist am geschwungenen Mittelteil angebracht und mündet in einem Becken mit Wasserfontäne. An der Brüstung im Osten steht die Mutter mit zwei Kindern, eine Figurengruppe aus Muschelkalk.

Eher tierisch geht es an der Treppe und auf dem runden Platz unterhalb der Brücke zu: Schildkröte, Flusspferd und Murmeltierbrunnen sind begehrte Spiel- und Klettermöglichkeiten für Kinder. Das

In sich rund:
Evangelische Kirche auf
dem Tempelhofer Feld

alte Planschbecken, 1912 gebaut, wird 42 Jahre später als „Garten der Blumen und Wasserspiele" wieder eröffnet.

Die auffällige evangelische Kirche auf dem Tempelhofer Feld ist eine der wenigen und mit 30 Metern Durchmesser auch eine der größten Rundkirchen in Berlin. Mit Glockenturm und Kuppel erreicht das Gotteshaus eine Höhe von 42 Metern. Im Innenraum haben rund 1.000 Menschen Platz. Von Fritz Bräuning 1911 entworfen und Ende der 1920er-Jahre erbaut, gilt sie als eins der größten expressionistischen Bauwerke der Stadt. Fritz Bräuning ist damals Architekt und Baustadtrat, der die Gartenstadt in Neu-Tempelhof mit entworfen hat. Im Zweiten Weltkrieg wird die Kirche schwer zerstört, 1950 wieder aufgebaut und von 1990 bis 1992 restauriert.

Die katholische St. Judas-Thaddäus-Kirche wurde 1958 an der Ecke Bäumerplan/Loewenhardtdamm gebaut. Der pfeilförmige Gesamtbau und der dreieckige Glockenturm sind das architektonische Pendant zur evangelischen Rundkirche in Sichtweite.[4]

KRANKENHAUS MIT SEELE

1920 hat sich die Einwohnerzahl Berlins in nur 20 Jahren auf vier Millionen verdoppelt. In Tempelhof, das inzwischen zu Berlin gehört, gibt es kein einziges Krankenhaus. Dem wollen *Die grauen Schwestern von der heiligen Elisabeth* abhelfen. Die Ordensgemeinschaft hat sich 1842 gegründet, um arme und mittellose Kranke zu pflegen, ohne Ansehen von Stand und Religion. Oberin Schwester M. Ewalda Weinrich wirbt in Zeitungen und auf der Straße und sammelt so eine Million Reichsmark an Spenden. Damit kauft sie ein 30 Hektar großes Grundstück zwischen Bäumerplan, Gontermann-,

Wintgens- und Wüsthoffstaße. Als das St. Joseph-Krankenhaus am 8. Dezember 1928 mit Abteilungen für Chirurgie, Innere Medizin, Gynäkologie und Geburtshilfe eröffnet wird, sind die Bauarbeiten noch nicht beendet. Doch die Krankenhausbetten werden dringend benötigt; denn in Berlin grassiert eine Grippeepidemie.

Dann geht es Schlag auf Schlag: In den kommenden Jahren wird die staatlich anerkannte Krankenpflegeschule in das Krankenhaus verlegt. Labor, Röntgen- und medizinische Badeabteilung werden eröffnet. Durch den Bau einer eigenen Bäckerei können täglich 900 Personen versorgt werden. Während des Zweiten Weltkriegs, das Krankenhaus ist inzwischen ein Reservelazarett, werden zeitweise mehr als 1.000 Patienten versorgt. In den 1960er-Jahren erhält das Krankenhaus eine eigene Blutbank, die Säuglingsstation wird umgebaut, die Bäderabteilung erweitert. Mitte der 1980er-Jahre wird um- und angebaut – bei laufendem Betrieb. Die Ordensschwestern kümmern sich nun vorwiegend um die Begleitung von schwerkranken und sterbenden Menschen.

Als das Christophorus-Kinderkrankenhaus in Lichtenrade schließt, wird ab 1995 die Geburtshilfe als medizinischer Schwerpunkt im Joseph-Krankenhaus erfolgreich ausgebaut. 2014 sind die Geburtenzahlen zum dritten Mal in Folge so hoch wie in keinem anderen deutschen Krankenhaus. Hier werden Frühgeborene und

Für alle da: katholisches St. Joseph-Krankenhaus

Risikoschwangere professionell umsorgt. Als eines von vier Berliner Krankenhäusern bietet das St. Joseph-Krankenhaus für Mütter in größter Not eine Babyklappe. Und dann gibt es noch Josephinchen, das Zentrum für Kinder- und Jugendgesundheit.

Mit dem St. Joseph-Krankenhaus hat Tempelhof die größte außeruniversitäre Nephrologie-Station Berlins für Patienten mit Nierenerkrankungen. Im TeDaZett (Tempelhofer Darmzentrum) werden Tumorerkrankte interdispzlinär betreut. In der Klinik für Orthopädie und Unfallchirurgie wird für Patienten mit künstlichem Hüft- oder Kniegelenk ein Schnellläuferprogramm entwickelt. Und die medizinische Klinik II ist „als erste Berliner Klinik von der Deutschen Gesellschaft für Nephrologie (DGfN) als Zentrum für Bluthochdruck (Hypertonie) zertifiziert worden."

Aber wer geht schon gerne ins Krankenhaus? Die wenigsten vermutlich, doch der Altbau am Bäumerplan strahlt Zuversicht und Hoffnung aus: Toskanische Säulen unter dem geschwungenen Portal geben dem dreiflügeligen Bau mit seinen barocken Elementen etwas Bodenständiges. Das Motto „Deus providebit", Gott wird sorgen, steht noch immer in goldenen Lettern über dem Eingang und macht es vielleicht auch Atheisten ein bisschen leichter, Angehörige zu besuchen oder selbst Patient zu sein. „Heute werden im St. Joseph-Krankenhaus jährlich rund 65.000 Patienten ambulant und stationär behandelt." Das akademische Lehrkrankenhaus der Freien Universität ist mit 485 Betten das größte katholische Krankenhaus in Berlin.[5]

Parallel zum Bau der Siedlung werden ab 1926 entlang der Außenränder Mietskasernen hochgezogen. Sie sollen den Lärm von Flughafen, S-Bahn, Eisenbahn aus der Gartenstadt fernhalten.

Die Straßen der Gartenstadt sind anfangs nach deutschen Herrschern und Bundesstaaten des Kaiserreichs benannt. Doch schon 1936 bekommen sie auf Anordnung von Hermann Göring, dem Reichsminister für Luftfahrt und Oberbefehlshabers der deutschen Luftwaffe, neue Namen – nach den Jagdfliegern des Ersten Weltkriegs, die mit Mitte 20 ihr Leben für das „deutsche Vaterland" verloren haben. So wird aus dem Hohenzollernkorso die Manfred-von-Richthofen-Straße, aus dem Wettinerkorso wird der Loewenhardtdamm und aus dem Preußenring der Rumeyplan. Und aus der Gartenstadt Neu-Tempelhof wird das Fliegerviertel, ein zweifelhafter Name, der sich bis heute gehalten hat.

Auch nach dem Zweiten Weltkrieg wird in und um die Gartenstadt weitergebaut. In den 1950er- und 80er-Jahren werden zwischen Bayern- und Badener Ring mehrere sieben- bis zehngeschossige Wohnblöcke errichtet. Etwas niedriger und lockerer bebaut geht es Anfang der 1960er-Jahre an der Ecke Hoeppnerstraße, Werner-Voß-Damm weiter.

MILITÄR, MACHT UND MISSLUNGENE GIGANTOMANIE

Was heute nicht erlaubt ist, ist Ende des 19. Jahrhunderts Fakt: Das Tempelhofer Feld wird am Rand bebaut. Auf dem Gelände General-Pape-Straße/Werner-Voß-Damm entstehen ab 1892 Mannschafts- und Wirtschaftsgebäude für Soldaten und Unteroffiziere der Eisenbahn-Regimenter Nr. 2 und 3 und für die Landwehrinspektion Berlin. In der Kaserne am Werner-Voß-Damm 54 richtet die SA 1933 ein Gefängnis ein, in dem bis zu 2.000 Menschen inhaftiert werden: politisch Andersdenkende, Kommunisten, jüdische Ärzte und Rechtsanwälte, missliebige Arbeiter, Frauen. Alle werden gefoltert, mehr als 30 sterben an den Folgen der Misshandlung.[6] Heute ist das Gebäude „der einzige historische Ort des frühen NS-Terrors in Berlin, in dem sich noch Spuren aus dem Jahr 1933 nachweisen lassen", heißt es auf der Website des *Gedenkort SA Gefängnis Papestraße*.

Dort, wo die General-Pape-Straße auf den Loewenhardtdamm trifft, steht ein riesiger Betonblock, der Schwerbelastungskörper. Albert Speer, Generalbauinspektor für die Reichshauptstadt, lässt ihn 1941 für Messversuche errichten. Bekanntermaßen will Hitler Berlin zu einer Welthauptstadt

Standhaft: Ehemalige Militärkasernen an der General-Pape-Straße

Schwerbelastungskörper: in Beton gegossener Größenwahn

umbauen lassen. An der Kreuzung Columbiadamm / Berliner Straße (heute Tempelhofer Damm) soll der Triumphbogen entstehen, ein 117 Meter hohes Ehrenmal für die Gefallenen des Ersten Weltkriegs. Soviel Höhe bedeutet eine Menge Gewicht für den sandigen Berliner Boden. Jetzt kommt der Schwerbelastungskörper ins überdimensionierte Spiel: Der 12.650 Tonnen schwere Betonzylinder mit einem Durchmesser von 13 Metern wird mehr als 18 Meter tief in die Erde gebaut, ausgestattet mit zylindrischem Belastungskörper voller Messkammern und Messgeräte.

Oberirdisch wird ein 14 Meter hoher Belastungskopf mit fünf breiten Kragen aufgesetzt. Dann wird gemessen – bis Juni 1944, ausgewertet werden die Ergebnisse allerdings erst 1948. Um festzustellen, dass der Untergrund gar nicht stabil genug gewesen wäre. Größenwahnsinn ade![7] Seit 1995 ist das Bauwerk denkmalgeschützt, seit 2009 gibt es im Rahmen des Open-Air-Geschichtsparcours einen Informationspavillon und einen Aussichtsturm.[8] Der Parcours erzählt auf 30 Text-, Bild- und Orientierungstafeln an 14 historischen Orten die Geschichte(n) rund um die General-Pape-Straße. In den erhaltenen Kasernenbauten wird bis heute gearbeitet. Hier gibt es eine Außenstelle des Robert-Koch-Instituts, Gewerbebetriebe und auf den ehemaligen Höfen vergnügt man sich heute in Kleingartenkolonien.

SCHWINDEL ERREGENDE HÖHEN

Am Rande der Gartenstadt, zwischen Werner-Voß-Damm und Sachsendamm, liegt seit der Eröffnung des Bahnhofs Südkreuz im Jahr 2006 der Ballonfahrerweg. Seinen Namen hat er aus gutem Grund. 1893 wird hier die erste deutsche Luftschifferabteilung aufgebaut.[9] 1901 steigt von hier der bemannte Ballon *Preußen* auf 10.800 Meter Höhe auf. Der Meteorologe Arthur Berson hat schon einige Ballonfahrten hinter sich, der Arzt Reinhard Süring ist ein Fachmann für Höhenkrankheiten. Als der Ballon mit dem offenen Korb immer höher steigt, wird der Arzt in 4.500 Meter Höhe ohnmächtig. Berson schafft es bis auf 10.500 Meter, bevor ihm die Sinne schwinden. Der Höhenmesser zeichnet noch eine Höhe von 10.800 Metern, also fast elf Kilometer, auf, bevor seine Tinte einfriert. Doch irgendwann geht der Ballon in den Sinkflug über, die Fahrer erwachen aus ihrer Ohnmacht und landen wohlbehalten wieder auf der Erde. Der Ballonfahrerweg wird immer an die tollkühnen Männer der Lüfte erinnern, deren Rekord bis heute ungebrochen ist.

FELDER UND FLUGHÄFEN

„Nach Tempelhof begibt man sich, weil es ein Ort der Metamorphose ist und man dort anders sein kann. Es ist der Ort, der uns verwandelt ..." Damit hat Rolf Lautenschläger, Autor des Buchs *Das Tempelhofer Feld* (ebenfalls im L&H-Verlag erschienen), eigentlich alles gesagt über Deutschlands geschichtsträchtigsten Flughafen, das größte europäische Baudenkmal, den größten innerstädtischen Park des Kontinents.

Eindrucksvolle Fassade: der ehemalige Zentralflughafen

Himmel über Berlin:
die Weite des Feldes

Und doch gibt es immer wieder Neues zu erzählen. Zum Beispiel die Sache mit dem Volksentscheid. Denn am 26. Mai 2014 entscheidet die Bevölkerung, das Areal zu lassen, wie es ist. Der Berliner Senat packt seine Masterpläne für die Bebauung wieder ein und initiiert das Projekt EPP, um die Zukunft des Feldes zu gestalten. Bis März 2015 haben Bürgerinnen und Bürger, Politik und Verwaltung Ideen gesammelt, von April bis Juli wird über die Vorschläge diskutiert, sie werden weiterentwickelt und zusammengefasst. In der dritten Phase, bis September, wird ein Entwicklungs- und Pflegeplan erarbeitet, der mit dem Gesetz konform geht. Dieser Prozess ist ein aufregendes und interessantes Beispiel für gelebte Bürgerbeteiligung.

Auch vom Flughafengebäude gibt es ein paar Neuigkeiten. Im November 2014 entscheiden der Berliner Senat und der Bund, mehr als 22 Millionen Euro in den Ausbau des Daches zu investieren. Entstehen sollen ein Laubengang mit Dauerausstellung zur Geschichte und ein Restaurant mit Aussichtsterrasse.

COLUMBIADAMM, COLUMBIA-HALLE, COLUMBIA-HAUS

Pilot Clarence D. Chamberlin und Finanzier Charles E. Levine starten am 4. Juni 1927 in New York zu einem Nonstopflug nach Berlin. Ihr zweisitziges Transportflugzeug, Miss Columbia, hat die damals enorme Reichweite von 8.000 Kilometern. Nach 42 Stunden Flug müssen sie kurz vor Berlin notlanden – der Sprit ist alle. Mit einem Tag Verspätung werden Flugzeug und Crew begeistert gefeiert. Chamberlin ist der erste Mensch, der mit einem Passagier über den Atlantik nach Deutschland fliegt. Zwei Jahre später wird die Prinz-August-von-Württemberg-Straße, die am Flughafen entlang führt, in Columbiastraße umbenannt.

Der Columbiadamm, so wie wir ihn heute kennen, entsteht erst Ende der 1940er-Jahre. Zwischen Platz der Luftbrücke und Friesenstraße gehört er zu Tempelhof, und auch das neu entstandene Wohnviertel zwischen Schwiebusser Straße und Columbiadamm ist Tempelhofer Areal. Das kleine Stück zwischen Friesenstraße und Golßener Straße gehört zu Kreuzberg, und ungefähr dort, wo der Eingang zum Tempelhofer Feld ist, übernimmt Neukölln den Columbiadamm.

Für die Angehörigen der amerikanischen Air Force werden 1951 gegenüber des Flughafens eine Sporthalle und ein Kino eröffnet – Freizeitvergnügen für die US-Soldaten, die in Berlin stationiert sind. Heute sind Columbiahalle und C-Club (ehemaliges Columbia Theatre), die beide unter Denkmalschutz stehen, Veranstaltungsorte für Rock- und Popkonzerte für bis zu 3.000 Menschen, Rockabilly-Treffen, Parties, Messen und Sportevents.

Das Columbia-Haus, 1896 als Militärarrestanstalt an der Prinz-August-von-Württemberg-Straße (heute Columbiadamm) gebaut, wird ab 1933 von der Geheimen Staatspolizei (Gestapo) zum Gefängnis für politische Gegner umfunktioniert. Rund 10.000 Männer sind hier bis 1936 inhaftiert: bewacht von der SS, die für ihre brutalen Methoden bekannt ist und die Gefangenen einschüchtert, erniedrigt, misshandelt und foltert. „Im Berliner KL Columbia-Haus wurden wohl die schlimmsten Greueltaten verübt, die sich menschliche Einbildung vorstellen kann", schreibt der Publizist, Soziologe und Politikwissenschaftler Eugen Kogon in seinem Buch *Der SS-Staat*. Zu den Häftlingen gehören der Rabbiner Leo Baeck, die Kommunisten Erich Honecker, Werner Seelenbinder und Ernst Thälmann. Der spätere Chefankläger der USA bei den Nürnberger Prozessen, Robert M. W. Kempner, sitzt ebenso im Columbia-Haus ein wie der Kabarettist Werner Finck.

Im November 1936 wird das Lager aufgelöst, die Gefangenen werden in das KZ Sachsenhausen überführt. Das Gebäude wird für den Ausbau des Flughafens abgerissen. Bis heute ist nicht bekannt, wie viele Menschen im KZ Columbiahaus umkamen. Die Täter sind niemals angeklagt worden. Am Columbiadamm, Ecke Golßener Straße erinnert ein Mahnmal des Bildhauers Georg Seibert seit 1994 an das Konzentrationslager und die Opfer nationalsozialistischer Gewaltherrschaft.

ALS DIE BILDER LAUFEN LERNEN:
VON METROPOLIS ZU CIRCUS HALLIGALLI

Für ein paar Jahre ist die Universum Film Aktiengesellschaft Berlin, kurz Ufa, die wichtigste und größte Filmproduktionsstätte Deutschlands. Sie entsteht 1918 aus dem Bild- und Filmamt (BUFA), das die Oberste Heeresleitung noch im Ersten Weltkrieg zu Propagandazwecken gegründet hat.

Die Filmstudios in der Oberlandstraße, südlich des Flughafens Tempelhof, sind ursprünglich Glashäuser, denn damals können Filme nur bei Tageslicht gedreht werden. Erst mit Umstellung auf Tonfilme um 1930 werden die Studios schalldicht gemacht, die Glasfronten verschwinden, gedreht wird nun bei Kunstlicht. In Tempel-

Licht aus, Ton an: von den Ufa-Studios zur Latenightshow

hof entstandene Klassiker sind zum Beispiel „Metropolis" von Fritz Lang, „Die Drei von der Tankstelle" mit Heinz Rühmann und „Große Freiheit Nr. 7" mit Hans Albers.

Nach der Machtübernahme der Nazis bestimmt Propagandaminister Joseph Goebbels über Film und Kultur und kontrolliert damit auch die Ufa. „Jüdische Mitarbeiter wurden entlassen, Regisseure, Schauspieler und Drehbuchautoren zur Emigration gezwungen, der Konzern verstaatlicht."[10] Nach dem Krieg werden die Studios unter amerikanischer Regie wieder aufgebaut und in Betrieb genommen. Ab 1958 wird wieder gedreht. Walt Disney produzierte hier „Emil und die Detektive" und soll dazu persönlich nach Tempelhof gekommen sein.

1964 übernimmt die Unternehmensgruppe Becker + Kries die Firma und wandelt sie zur *Berliner Union Film* um. 1990 wird der Tempelhofer Standort modernisiert, RTL produziert in den Oberlandstudios *Gute Zeiten – schlechte Zeiten,* das ZDF sendet von hier aus live *Die Hitparade* und später das *Morgenmagazin.* Und seit 2013 wird hier *Circus Halligalli,* die Latenightshow mit Joko Winterscheidt und Klaas Heufer-Umlauf produziert.

OBERLAND- UND GERMANIAGARTEN

Teile von Tempelhof gehören, geografisch gesehen, zum Hochplateau des Teltow und werden deswegen in früheren Zeiten Oberland genannt. Dazu gehört auch das Tempelhofer Feld und seine Umgebung, unter anderem die Oberlandstraße, die verkehrsgünstig zwischen Ringbahn, Eisenbahn und Teltowkanal liegt. Kein Wunder, dass sich Anfang des 20. Jahrhunderts Industriebetriebe entlang der Straße ansiedeln. Doch weil wegen des Flughafens nicht weiter expandiert werden kann, wird ein Teil des östlichen Areals, kurz vor der Grenze zu Neukölln, um 1920 in ein Wohngebiet umgewandelt. Hier entstehen in der Bärensiedlung, im Oberland- und Germaniagarten knapp 900 Wohnungen unterschiedlicher Größe – gedacht für die einkommensschwache Bevölkerung. 1930 kostet eine 1,5-Zimmer-Wohnung 58 Mark Monatsmiete, eine Wohnung mit 2,5 Zimmern 75 Mark. Dazu kommen 15 Mark Betriebskosten für Heizung und warmes Wasser.[11]

Bärensiedlung:
Wohnen mit Garten

Zu trauriger Berühmtheit gelangt die Bushaltestelle Oberlandgarten am 7. Februar 2005. Dort wird die 23-jährige Hatun Sürücü von einem ihrer Brüder erschossen. Die Polizei vermutet einen „Ehrenmord", denn die angehende Elektroinstallateurin hat Ehemann und Familie verlassen, um mit ihrem sechsjährigen Sohn ein selbstständiges Leben zu führen. Bundesweit löst die Tat Entsetzen und Diskussionen aus. Eine Gedenktafel an der Ecke Oberlandstraße/ Oberlandgarten erinnert an Hatun Sürücü und alle Opfer von Gewalt gegen Frauen in Berlin.

VOM MITTELALTER ZUR MODERNE

Hätte es im 13. Jahrhundert schon die Medien von heute gegeben, wüssten wir wahrscheinlich genau, wann Alt-Tempelhof und die Dorfkirche entstanden sind. So sind wir auf Vermutungen und Rückschlüsse angewiesen. Es sollen sieben französische Ritter gewesen sein, die den Templerorden um 1120 gründen. Die Templer dürfen Steuern erheben und führen, wenn man der Geschichte glauben darf, Kreditbriefe ein, Vorläufer des heutigen Papiergelds. Rund 15.000 Mitglieder und 9.000 Besitztümer in ganz Europa hat der Orden, der dem Papst unterstellt ist.

Das damalige Tempelhof ist ein idealer Ort, um einen Komturhof anzulegen. Denn von der Anhöhe, dort, wo heute die Dorfkirche steht, können sich die Ritter wehrhaft verteidigen. Umgeben ist der Komturhof damals von vier Seen, von denen es nur noch den Klarensee und den Wilhelmsteich gibt. Es dauert nicht lange, bis sich die ersten Bauern in der Nähe der Komturei ansiedeln. Urkundlich erwähnt wird „Tempelhove" zum ersten Mal im Jahr 1290. Obwohl weltliche Herrscher keinen Einfluss auf den geistlichen Orden haben, gefällt es dem französischen König Philip IV. gar nicht, dass sich die Templer wirtschaftlich und militärisch so stark entwickeln. Er selbst soll hochverschuldet gewesen sein, auch bei den Templern – nichts möchte er also lieber als den Orden aufzulösen. 1305 schließt er mit dem damaligen Papst Clemens V. einen Pakt und lässt gegen die Tempelritter Anklage wegen Ketzerei, Sodomie und Homosexualität erheben. Der Orden wird 1312 aufgelöst, der Besitz dem Johanniterorden übertragen – mit ihm auch die Güter in Tempelhof, Mariendorf und Marienfelde. Die Johanniter verkaufen die Besitzrechte 1435 an die Doppelstadt Berlin-Cölln, 1598 wird der Komturhof in ein Rittergut umgewandelt. Jahrhunderte lang passiert wenig, bis er 1810 privatisiert wird. Das Symbol der Tempelritter, das rote Tatzenkreuz auf weißem bzw. silbernem Grund, wird 1957 in das Wappen von Tempelhof aufgenommen.

Der Ausbau des alten Dorfkerns beginnt 1873. Damals lässt die Berlin-Tempelhofer-Baugesellschaft zwischen Alt-Tempelhof und Ringbahnstraße eine neue Straße bauen, die bis heute genauso heißt: Neue Straße. Wohnen sollen hier Handwerker und Gewerbetreibende. Die Werbung für das Wohngebiet funktioniert ähnlich vollmundig wie heute: „Das beliebte Dorf Tempelhof, etwa eine halbe Stunde südlich von Berlin gelegen, ist von jeher als einer der gesundesten Orte der Umgebung der Residenzstadt bekannt gewesen, auch ist der Gesundheitszustand der Einwohner hinlänglich Bürge für die schöne Luft und für die Güte des Wassers, zwei der notwendigen Lebens-Elemente."[12]

Auch rund um den Dorfanger wird gebaut. Reiche Gutsbesitzer wie F. Bredereck, Wilhelm Lehne und Gottlieb Dunkel lassen sich auf ihren Gehöften in Alt-Tempelhof schmucke Vorstadtvillen errichten, die zum Teil bis heute erhalten sind.

Die ältesten Häuser Tempelhofs liegen auf der südlichen Straßenseite, zwischen Schönburgstraße und Supermarkt. Erbaut um 1830, sind die einstöckigen Wohnhäuser die ersten Steingebäude mit Ziegeldächern (Alt-Tempelhof 35 und 37).

1901 will der Berliner Spar- und Bauverein eine Wohnanlage von Alt-Tempelhof über die Stolbergstraße bis zur Borussiastraße

bauen. Gedacht ist sie für „Genossenschaftsmitglieder, die bei den Eisenbahnwerkstätten in Tempelhof und bei der Schultheiss-Brauerei in Schöneberg beschäftigt" sind.[13] Das gefällt der Tempelhofer Gemeindevertretung gar nicht, der Bau wird nicht genehmigt; denn man will den Bezirk nicht zu einem Fabrikarbeiterviertel werden lassen. Vier Jahre und einige juristische Auseinandersetzungen dauert es, bis die Genossenschaftshäuser mit 243 Wohnungen mit innenliegender Toilette, Balkon oder Loggia gebaut werden können. Diese Art des Reformwohnungsbaus bleibt in Tempelhof eine Ausnahme.

Eine der ältesten und erfolgreichsten Privatgalerien Berlins befindet sich im Haus Alt-Tempelhof 26. Seit 2007 zeigt Karoline Müller im ehemaligen Bürgeramt Werke der zeitgenössischen Kunst. Begonnen hat Müller vor mehr als 50 Jahren in Charlottenburg mit Werkschauen aus der DDR, Kunstwerken aus Ost-, Mittel- und Südeuropa. Später setzt sie einen Schwerpunkt mit Bildern aus der „Schule der neuen Prächtigkeit" von Johannes Grützke und anderen. Die engagierte Künstlerin und Galeristin, die 2015 ihren 80. Geburtstag feiert, gilt als „streitbare Vertreterin der Belange von Frauen im

Kunstbetrieb'" und „als streitbare Kraft im Prozess des Zusammen-
wachsens auf dem Felde der Bildenden Kunst in Deutschland". Für
ihr Engagement wird sie u.a. mit dem Bundesverdienstkreuz und
der Louise-Schröder-Medaille, einer der höchsten politischen Aus-
zeichnungen des Landes Berlin, ausgezeichnet.[14]

Frauenkultur gibt es seit 1984 auch in einem anderen Amt: Ute
Knarr-Herriger und ihr Team der dezentralen Kulturarbeit bringen
mit dem *Frauenmärz* seit 30 Jahren Unglaubliches auf die Bezirks-
bühnen: Rund um den internationalen Frauentag am 8. März gibt es
knapp vier Wochen Musik, Politik, Kunst, Tanz, Literatur, Wirtschaft
und vieles mehr an vielen Orten im ganzen Bezirk – und immer
geht es um Frauen und ihr Leben. Eröffnet wird die Veranstaltungs-
reihe, die jedes Jahr unter einem anderen Motto steht, traditionell
im Gemeinschaftshaus in der Lichtenrader Barnetstraße. Geboren
wird die Idee 1986 in Tempelhof, bekannt ist sie inzwischen in der
ganzen Stadt. Und alle kommen gerne: Künstlerinnen, Politik, Wirtschaft, Frauen und Männer.

Ein beliebter Treffpunkt ist 100 Jahre zuvor das Gasthaus Dorfeck
Kurfürst an der Ecke Alt-Tempelhof/Tempelhofer Damm. In dem
1912 gebauten Wohn- und Geschäftshaus befinden sich Bierkeller,
Kegelbahnen, Badeanstalt und unterm Dach ein Hotel. 1919 werden
hier die Dorfeck-Kurfürst-Lichtspiele eröffnet – mit 900 Sitzplätzen

Reservekriegslazarett
„Kurfürst", Alt-Tempelhof/
Tempelhofer Damm 1918

ein für damalige Verhältnisse großes Kino, das sich bis 1964 hält. Es ist das letzte von 16 Filmtheatern im Bezirk, heute ist Tempelhof neben Lichtenberg der einzige Berliner Bezirk ohne Kino. Im Februar 2006 wird den denkmalgeschützten Räumen des alten Kurfürsten neues Leben eingehaucht: Der Nachtclub Insomnia öffnet seine Türen für erotische Abenteuer, hemmungslosen Hedonismus und elegante Dekadenz. Partygänger aus aller Welt sind fasziniert – auch vom krassen Gegensatz zwischen dem biederen Kiez draußen und der sinnlichen Subkultur drinnen. Die britische Tageszeitung The Guardian zählt das Tempelhofer Etablissement 2007 sogar zu „The 10 wacky things to do in Berlin".

SEEN MIT KIRCHE

Mitte des 19. Jahrhunderts plant die Gemeinde Tempelhof rund um den Friedensplatz eine Villen- und Landhauskolonie im Schweizer Stil - mit holzgeschnitzten Balken und viel Fachwerk. Dazu gehört auch das Haus in der Albrechtstraße 110. Im Garten der „Spukvilla" sollen französische Soldaten während der Napoleonischen Befreiungskriege (1813 bis 1815) ihre Kriegskasse vergraben haben. Reste von Skeletten, Waffen und Uniformen gräbt man 1891 beim Umbau des Landhauses aus, die Kasse aber wird nie gefunden. Angeblich suchen die Geister der Gardisten den Schatz immer noch – und singen in klaren Vollmondnächten leise die Marseillaise. Heute gehört die Villa der Arbeiterwohlfahrt; in der Seniorenfreizeitstätte finden zahlreiche kulturelle Veranstaltungen, Lesungen und Vorträge statt.[15]

Gar nicht weit ist es von hier zur Tempelhofer Parklandschaft. Im Alten Park drehen am Morgen die Jogger ihre Runden um den Klarensee. Die Angestellten aus der näheren Umgebung verbringen hier ihre Mittagspause, am Nachmittag hallt Kinderlachen zwischen den Bäumen. Und abends sind die Bänke von jungen und alten Pärchen, Freundinnen und Kumpels, kleineren und größeren Gruppen belegt.

Im Park gibt es Naturkunde live: Den ganzen Sommer kann man beobachten, wie schnell aus zartbeflaumten Küken große und selbstständige Jungenten werden, während die Menschenkinder, die das „entliche" Treiben staunend aus dem Kinderwagen beobachten, auch am Ende des Sommers noch auf Mamas und Papas Hilfe angewiesen sind. Der Graureiher, der jedes Jahr an den See zurückkehrt, steht wie eine Statue im seichten Wasser und scheint seine Umgebung eher gelangweilt zu beobachten. Unter der Brücke gleiten die dicken Karpfen langsam vom einen Teil des Sees in den anderen. An manchen Tagen werden sogar Goldfische und Wasserschildkröten im See gesichtet. Und wenn der Schnee fällt, sind der Alte Park und sein kleiner Bruder, der Lehne-Park, Winterparadies für Schlittenkinder, Eishockeymütter und Schlittschuhfahrer jeden Alters. Gegenüber der Kirchmauer, etwas versteckt, warten Buddelplatz, Federwippe, Minikletterturm mit Rutsche und Holzspielhaus auf kindliche Entdeckerinnen und Entdecker.

Wer jetzt die Schönburgstraße überquert, ist schon im Bosepark. Knapp drei Hektar groß ist er und auf einem zugeschütteten Pfuhl angelegt. Zwei Liegewiesen, der Tempelhofer Tennisclub e.V., ein Spielplatz mit einer echten Lokomotive und das Nachbarschaftszentrum Boseclub befinden sich am südlichen Rand. Auf der nördlichen Seite kann man noch Reste des alten Tempelhofer Friedhofs besichtigen. Jeder Park für sich ist nur eine kleine Laufstrecke, aber wer durch den gesamten Grünzug joggt, kann schon ein paar Kilometer

Blick aus dem Alten Park auf den Klarensee

machen. Und wenn das nicht reicht: bis zum Friedrich-Ebert-Stadion in der Bosestraße ist es nur ein Katzensprung. Im Heimatstadion des Fußballclubs Viktoria 89 (der im Jahr 2013 mit dem Lichterfelder FC fusionierte) kann man zum Abschluss gut ein paar Runden drehen.

BERLINER MEISTERLÄUFER

„Ich bin ausdauernd, beharrlich, manchmal renitent und habe immer ein Ziel vor Augen." Sagt Horst Milde, der Erfinder des Berlin-Marathons, über sich selbst. Seit seiner Jugend dreht sich das Leben des Tempelhofers fast nur ums Laufen: als Schüler des Askanischen Gymnasiums bereitet er sich so auf das Sportabitur vor. Als Konditorlehrling trainiert er nach der Arbeit im Volkspark Mariendorf, am Wochenende läuft er bei Wettkämpfen. Der Student Milde läuft in Frankreich bei einem Crossrennen über Stock und Stein und setzt die Idee in Berlin mit dem Crosslauf 1964 am Teufelsberg um. Daraus wird u.a. das 25-Kilometer-Volkswandern um die Grunewaldseen mit 10.000 Teilnehmerinnen und Teilnehmern.

Horst Milde, Erfinder des Berlin-Marathons

Ein paar Jahre später, Milde ist längst Diplom-Kaufmann und in die elterliche Bäckerei und Konditorei in Tempelhof eingestiegen, will er ein Rennen durch die City organisieren. Das muss auch von den Alliierten genehmigt werden. Milde, der Mann mit dem Lauf-Gen, hat viele Kontakte in Sport, Politik und Medien – und überzeugt sie alle. Im Oktober 1974 findet der erste Berliner Volksmarathon statt. Und entwickelt sich im Laufe der Jahrzehnte zu einem der größten, renommiertesten und schnellsten Marathons der Welt. Für Horst Milde

Familie Milde 1978 vor der Bäckerei/Konditorei am Te-Damm 192

bedeutet das viel Organisation, immer abends nach der Arbeit und immer ehrenamtlich. Dass das oft auf Kosten der Familie geht, weiß der Marathonmann: „Um es mal diplomatisch zu umschreiben – ich habe eine sehr verständnisvolle Frau." Mit ihr betreibt Horst Milde bis 1998 die Familienbäckerei am Tempelhofer Damm 192 – um danach mit 60 Jahren hauptberuflicher Renndirektor des Berlin-Marathons und Halbmarathons zu werden. Auch hier ist ihm der Erfolg sicher: Vier Mal wird er als Berliner Sportmanager des Jahres ausgezeichnet, bekommt das Bundesverdienstkreuz, vom Internationalen Leichtathletik-Verband (IAAF) erhält er den „Merit of Honour" für sein Lebenswerk, und auch den Verdienstorden des Landes Berlin hat er schon in der Tasche. Über 300 Veranstaltungen mit 1,3 Millionen Teilnehmerinnen und Teilnehmern hat Horst Milde in seiner Laufbahn organisiert. „Mehr ist eigentlich nicht drin. Aber wie ich das geschafft habe, kann ich heute nicht mehr erklären." Immer noch ist Milde, inzwischen 77 Jahre alt, laufend unterwegs. Jeden zweiten Tag joggt er entlang des Teltowkanals oder in den Parks, durch die Schrebergartenkolonien, im Volkspark Mariendorf, bis nach Marienfelde. An den anderen Tagen ist er mit seinem Fahrrad auf dem Tempelhofer Feld unterwegs.

MÜLLERSKIND: DAS BABY VOM HERZOG UND SEINER FRAU

Man nehme: Eine Idee, um Arbeit und Familie zu verbinden. Einen leerstehenden Laden in guter Lage. Eine Frau, die den Blick für das Wesentliche hat und begnadet backen kann. Einen Mann, der sich sowohl um die Kinder kümmert als auch einen Tresen baut. Dazu viel Schweiß, Mühe, ein paar Tränen, helfende Hände, Engagement und eine Prise Glück. Und dann heißt es: das *Müllerskind* ist angerichtet. So heißt das charmante Café, dass Pauline Müller und Roy Herzog im Februar 2013 in der Parkstraße eröffnen. Gerade mal 50 Quadratmeter groß, sitzt es sich wie im Wohnzimmer bei Freunden. Pauline, Namensgeberin der homemade Bakery, rührt im offenen Küchenbereich die Zutaten für Tartes und Kuchen zusammen, rührt, knetet, lässt den Teig in die Form rutschen, verziert, modelliert Gebäck. Der Backofen läuft auf Hochtouren. Der Geruch von zerlassener Butter, Mürbeteig und frischen Früchten liegt in der Luft. „Man soll sehen, wo das Essen herkommt und wie es gemacht wird." Die Auswahl an Gebackenem ist enorm: Zitronen-Mandel-Tarte, Aprikosentarte, Käsekuchen, Quiches, Brownies, Bagels. Vor allem am Sonntagmorgen ist der Laden voll. Gespräche fliegen von Tisch zu Tisch, man kennt sich oder lernt sich kennen. Genau das ist die Idee von *Müllerskind*: „Leute, die sich immer wieder auf der Straße sehen, kommen hier ins Gespräch."

Das Innenleben des Café Müllerskind

POLITIK IST IHR HOBBY

Das *Müllerskind* hat Fatoş Topaç erst vor kurzem entdeckt, obwohl sie fast um die Ecke wohnt. Fatoş Topaç ist eine Macherin mit großem Herz. Als Sozialpädagogin im FrauenComputerZentrumBerlin, als grüne Politikerin in der Kreuzberger BVV, zu Hause bei ihrer Familie.

Fatoş Topaç, Sozialpädagogin und Politikerin

Aufgewachsen mit einer älteren Schwester und zwei jüngeren Brüdern im Arbeiterkiez an der Moabiter Turmstraße, zieht sie als 18-Jährige nach Kreuzberg. Für ihre Eltern der blanke Horror: „Da wohnen zu viele Ausländer auf einem Fleck." Die junge Frau findet es toll am Kotti, schmeißt das Abi, stürzt sich ins Leben und in die politische Arbeit bei den türkisch-deutschen Linken. Um nach ein paar Monaten festzustellen, dass eine Perspektive fürs Leben anders aussieht. „Als Mädchen, als Tochter, als Frau musst du auf eigenen Beinen stehen können." Fatoş macht ihr Abitur nach und studiert, ohne die Politik aus den Augen zu verlieren. Sie ist links, feministisch und steht mit beiden Beinen im Leben, arbeitet in sozialen Projekten, heiratet und wird Mutter. Als die Familie Mitte der 1990er umziehen will, steht Tempelhof nicht zur Debatte; denn dort sind die Republikaner bei den Wahlen 1992 mit fast zehn Prozent in die BVV eingezogen. Für Familie Topaç ein absolutes No Go. Doch dann finden sie – die Republikaner sind längst in der Versenkung verschwunden - ausgerechnet in Tempelhof ihre Traumwohnung. Vier Zimmer und hinterm Haus einen Garten mit Obstbäumen. Der Umzug aus dem jungen multikulturellen Kreuzberg ins ruhige und deutlich ältere Tempelhof ist ein Kulturschock. „Wir hatten noch das schnelle, hektische Temperament vom Kotti. Wenn wir Samstag am Te-Damm lang gegangen sind, gab es nur eine laute Familie. Das waren wir." Heute hat sich das Tempo auf beiden Seiten angepasst: Die Familie hat etwas entschleunigt, Tempelhof ist etwas großstädtischer geworden. „Seit ein paar Jahren ziehen jüngere Leute hier-

Dorfkirche Alt-Tempelhof

her. Familien mit Kindern. Hier tut sich etwas. Alles ist etwas entspannter geworden. Hier ist mein Zuhause, weil ich hier mit meiner Familie lebe."

DIE KIRCHE IM DORF

Wer vom Reinhardtplatz zur Dorfkirche will, muss am niedrigen Felssteinportal den Kopf etwas einziehen. Dann fällt der Blick auf einen schlichten Stein mit 47 eingravierten Namen, Ewigkeitslichter, Blumen und Bilder – eine Erinnerung an die Berlinerinnen und Brandenburger, die 2004 bei dem Tsunami im Südpazifik ums Leben gekommen sind. Jedes Jahr am 26. Dezember treffen sich Angehörige und Seelsorger zu einem Gedenkgottesdienst in der Dorfkirche.

Der Vorgänger der Kirche soll bereits um 1200 gebaut worden sein, noch bevor die Tempelritter ihre Komturei auf der Anhöhe zwischen den vier Seen anlegen. In den kommenden Jahrhunderten wird die Kirche immer wieder umgebaut. 1944 brennt sie nach einem Bombenangriff aus, wirkt aber nach dem Wiederaufbau mit Feldsteinarchitektur und Fachwerkturm bis heute sehr mittelalterlich. Ihr Charme setzt sich im schlichten Innenraum fort. Die sanfte Rundung des Altarraums mit seinen vier Buntfenstern korrespondiert mit den klaren Strukturen der hölzernen Bankreihen. Rechts an der Wand hängt ein Flügelaltar, die Nachbildung des Katharinenaltars von Lucas Cranach dem Älteren. Vermutlich ist er ein Geschenk der Kurfürstin Katharina von Brandenburg, der das Gut Tempelhof Anfang des 17. Jahrhunderts gehört. Mit 235 Quadratmetern ist die inzwischen denkmalgeschützte Tempelhofer Kirche die größte aller

Berliner Dorfkirchen. Genutzt wird sie von der evangelischen Kirchengemeinde Alt-Tempelhof. Auf dem Friedhof sind viele Tempelhofer Kommunalpolitiker, Grundbesitzer und Pfarrer mit ihren Familien bestattet.

Um alte Gemäuer ranken sich immer wieder Sagen. Das ist bei der Dorfkirche nicht anders: Die einen sind sicher, dass es nach Nordosten einen unterirdischen Gang von der Kirche zum ehemaligen Dorfkrug gibt; die anderen kennen angeblich den südöstlichen Tunnel bis zum Eiskeller im Theodor-Francke-Park, und die Dritten sehen eine Verbindung nach Westen zur Schönburgstraße. Doch wie das so ist mit den Sagen: Sie sind schön zu erzählen und nicht unbedingt wahr. Denn trotz aller Beschwörungen wird weder beim U-Bahn-Bau in den 1920- und 30er-Jahren noch bei weiteren Bauarbeiten auch nur der Hauch eines unterirdischen Gangs entdeckt.[16] 2013 hat die Dorfkirche ihr 800-jähriges Jubiläum gefeiert. Ihre vollständige Geschichte hat Marion Hoppe eindrucksvoll ihrem Buch *Die Dorfkirche Alt-Tempelhof* beschrieben.

DIE LIEBE ZUM BUCH IN ZEITEN DER SCHNELLLEBIGKEIT

Buchhandlung Menger: Mehr als 10.000 Bücher, Hörbücher, Kalender und nette Kleinigkeiten, die Lesen noch schöner machen. Vier Buchhändlerinnen und Buchhändler, die man zu Büchern fragen kann, was man will. Sie wissen alles. Und wenn nicht, dann wissen sie, wo es nachzulesen ist. Was es nicht im Regal oder auf den Büchertischen gibt, wird bestellt und kann meist am nächsten Tag abgeholt werden. Besonders freut sich das Buchhandlungsteam über die Kunden, die mehr wollen: „Am schönsten ist es, wenn die Kunden etwas über die Bücher wissen möchten. Oder wenn wir antiquarisch nachforschen können. Wenn wir dem Kunden etwas empfehlen dürfen. Das zeichnet doch einen Buchhändler aus." Dass die Angestellten auch ein gutes Händchen für Veranstaltungen haben, zeigen die regelmäßigen Buchvorstellungsabende. Vor ausverkauftem Haus präsentieren sie ihre Lieblingsbücher, lesen vor und erzählen, warum sie so begeistert sind. Das Publikum, zu 90 Prozent Stammkunden, sitzt dicht gedrängt und lässt sich gerne etwas empfehlen. Gegründet wird die Buchhandlung 1947 von Alfred Menger,

Café Pausini in der Kaiserin-Augusta-Straße

der als Widerstandskämpfer im Zuchthaus gesessen hat und später als Kommunalpolitiker in Tempelhof aktiv ist.

PAUSE? PAUSINI!

In anderen Bezirken sind Straßencafés längst gang und gäbe, doch als Martina Pohl im August 2004 das *Pausini* in der Kaiserin-Augusta-Straße eröffnet, beginnt in Alt-Tempelhof eine neue Cafézeitrechnung. Denn bis dahin gibt es außer in der ufaFabrik keinen Ort, um sich tagsüber und draußen entspannt bei Kaffee und Kuchen zu treffen. Dass das Café so gut ankommt, hat viele Gründe. Nicht nur die zentrale Lage macht den Charme aus, das *Pausini* lebt durch sein Team, sein Ambiente und natürlich durch seine wunderbaren Speisen. „Die Kuchen werden geliefert, alles andere machen wir selbst." Alles andere – das sind frische Panini, Suppen und Salate. Das Publikum ist bunt gemischt: Hier treffen sich Freundinnen, Eltern kommen mit ihren Kindern, Paare verabreden sich zum Nachmittagskaffee. Die Jungs aus dem Fußballclub schauen vorbei, ebenso wie Nachbarn und Geschäftsleute. Alteingesessene und Hinzugezogene sitzen an einem Tisch. Multikulturell und in jedem Alter. Draußen in den Liegestühlen und an den Stehtischen, drinnen an den Fenstertischen und im Hinterzimmer auf dem Sofa wird viel geredet und gelacht. Die meisten Besucherinnen und Besucher kennen sich, viele von ihnen kommen schon seit Jahren ins Pausini. Und jedes Jahr im August wird Pausinis Geburtstag gefeiert. Mit Grillen, Chillen und Livemusik. Unter freiem Himmel, bei traumhaftem Wetter und mit vielen Gästen.

TÜRKISFARBENES MEISTERWERK

Gerade befindet sie sich mitten im Umbau zu einer Shopping-Mall: Die ehemalige Markthalle zwischen Kaiserin-Augusta- und Friedrich-Wilhelm-Straße bekommt (mal wieder) eine neue Aufgabe. In den 140 Jahren ihrer Existenz hat sie schon eine Menge gesehen. 1875 befindet sich auf dem Gelände ein Betriebshof für die Pferdebahn, die von Berlin nach Tempelhof fährt. 1899, die Pferdestärken sind durch elektrische Straßenbahnen ersetzt worden, wird der Betriebshof elektrifiziert. 1924 wird er zu einem Depot für die Schienenwagen umgebaut. Jean Krämer, der „Haus- und Hofarchitekt der Berliner Straßenbahn", schafft mit dem Bau ein „Meisterwerk moderner Architektur und Ingenieurbaukunst." 16 Gleise gibt es in der Halle, 100 Wagen können „unter der weit gespannten,

Ehemalige Markthalle Tempelhof

türkisgrün gestrichenen Hallenkonstruktion" stationiert, gereinigt und gewartet werden.[17] Als das Depot Ende der 1990er-Jahre zu einer Markthalle mit Ladenstraße umgebaut wird, wird eine Zwischenebene mit Parkdeck eingezogen. Der Giebel, der als gewaltiger spitz zulaufender Tudorbogen gestaltet ist, und die noch erhaltenen verglasten Dachgauben an den Längsseiten, „die sich zwischen den Stahlbindern kielbogenartig nach oben wölben", sorgen für ganz spezielle Lichtverhältnisse auf dem Parkdeck und geben ihm einen besonderen Reiz. Der Bogen wirkt wie die Miniaturausgabe des Hallenbogens am Bahnhof Friedrichstraße – und vielleicht kommt etwas Flair der Friedrichstraße mit dem Umbau zum T-Damm-Center auch an den Tempelhofer Damm.

Der Weg vom Konsumtempel zum Gotteshaus ist nicht weit. In der Friedrich-Franz-Straße steht seit 100 Jahren die Glaubenskirche – Mittelpunkt der evangelischen Kirchengemeinde Alt-Tempelhof. Ein Blick zurück: Seit der Reichsgründung 1871 hat sich die Tempelhofer Bevölkerung von 1.417 auf fast zehntausend im Jahr 1900 vermehrt. Die Dorfkirche ist zu klein geworden für die evangelischen Gläubigen. Die Architekten Köhler und Kranz, die schon das Askanische Gymnasium auf der anderen Straßenseite gebaut haben, planen Kirche, Pfarrhäuser und das Gemeindehaus an der Kaiserin-Augusta-Straße ähnlich U-förmig angeordnet. Bis heute ist das Gemeindeleben vielfältig und bunt – vor allem im Jugendzentrum Café Albrecht: Workshops, Parties für Jugendliche, Church Night und die legendären Ferienfreizeiten mit Birgit Berthold und ihrem Team stehen alljährlich auf dem Programm.

Das Askanische Gymnasium wird 1875 in der Berliner Friedrichsvorstadt gegründet und schreibt sich damals noch mit „c". In seiner 140-jährigen Geschichte wird es mehrmals verlegt, umbenannt und mit anderen Gymnasien vereint. Seit September 1945 ist es in der Kaiserin-Augusta-Straße beheimatet. Und wird gut 20 Jahre später Drehort für die ersten deutschen Schülerfilme. 1968 wird hier der zweite Teil der Filmkomödie „Die Lümmel von der ersten Bank" gedreht. Dabei ermittelt ein Fernsehreporter undercover in der Schule, wie es denn mit der Bildung aussieht. Bildungshungrig sind auch andere Schüler. Der Physiker Manfred von Ardenne macht am „Aska" sein Abitur, ebenso der 2015 verstorbene Literat Fritz J. Raddatz. Rudi Dutschke ist hier Schüler, weil sein DDR-Abschluss in der Bundesrepublik nicht anerkannt wird und er ohne Abitur im Westen nicht studieren kann. „Seine Abiturarbeit in Deutsch wurde übrigens mit der Note „Eins" bewertet – die beste Arbeit der Klasse."[18]

Rund um Kirche und Schule geht es beschaulich zu in den kopfsteingepflasterten Straßen mit vielen alten Bäumen. In der Friedrich-Wilhelm-Straße liegt eine der drei katholischen Kirchen Tempelhofs. Eingeweiht 1898, wird die Herz-Jesu-Kirche Mittelpunkt für die Katholiken der umliegenden Gemeinden, die sich als Minderheit bisher in einer Privatwohnung zum Gottesdienst getroffen haben. Neben der Kirche beginnt das Grundstück der Maria-Montessori-Schule, das entlang der Werderstraße bis zur Burgemeisterstraße reicht. Die Grundschule, zwischen 1899 und 1901 mit einem Mädchen- und Knabentrakt erbaut, ist das älteste noch erhaltene Schulhaus in Tempelhof. Heute ist die MMG, wie sie sich selbst nennt, eine „Modellschule für den Computereinsatz im Unterricht." Gegenüber der Schule hat vor ein paar Jahren das Café Kurve aufgemacht, ein beliebter Treffpunkt für Familien am Nachmittag. Wenn die umliegenden Kinderläden und Horte schließen, gibt es hier Kaffee und Kuchen auf der Terrasse und nebenan, bei *Vanille & Marille* ein „Eis auf die Hand".

Eis gibt es auch bei *Bruno*. Vorne am Fenster. Im Hinterzimmer aber gibt es noch viel mehr: feinste italienische Küche, vom Chef und seiner Frau selbst aufgetischt. Seit mehr als 30 Jahren führen die Salvadors das kleine Restaurant in der Friedrich-Wilhelm-Straße.

Askanisches Gymnasium:
Bildung seit 140 Jahren

Und bei ihnen wird gegessen, was auf den Tisch kommt. Was das ist, entscheidet Bruno morgens beim Einkauf. Doch auch ohne Speisekarte schmecken Fleisch, Fisch, Gemüse und Pasta exzellent. Und darauf wartet man gerne, zum Beispiel mit einem der vielen ausgezeichneten Weine – dolce far niente eben.

Ein Stück weiter, zwischen Friedrich-Karl- und Burgemeisterstraße stößt man auf ein Überbleibsel des Zweiten Weltkriegs: 18 Meter hoch ist der dreistöckige Bunker, der auf einer Fläche von 15 × 32 Metern Platz für 500 Menschen hat. Nach dem Krieg wird das Gebäude als Lagerraum genutzt, seit 2008 kann man hier Proberäume mieten und Musik machen was das Zeug hält, ohne die Nachbarn zu stören.

VOM LKA ZUM ULLSTEINHAUS, VON DER PROVINZIAL-CHAUSSEE ZUR BUNDESSTRASSE

Vor Jahrhunderten fahren die Postkutschen auf der Provinzialchaussee von Berlin nach Zossen an Tempelhof vorbei. Später ist die Reichsstraße eine wichtige Verbindung für Kaufleute und Militär. Zu Beginn des 20. Jahrhunderts nutzen die Städter die Berliner Straße, um aus der Metropole aufs Land zu kommen. Heute ist der Tempelhofer Damm als Bundesstraße 96 eine der wichtigsten Ein- und Ausfallstraßen Berlins.

Tempelhofer Damm mit Rathaus

Die 3,5 Kilometer lange Hauptstraße beginnt im Norden mit dem Luftbrückendenkmal, führt dann schnurgerade und mit minimalem Gefälle an Flughafengelände und Landeskriminalamt entlang, vorbei an den rechts liegenden dunkelroten Klinkerbauten, die die Gartenstadt vor Straßenlärm schützen.

Bis in die 1960er-Jahre, der Te-Damm ist noch kopfsteingepflastert, sind hier die Straßenbahnlinien 96 (nach Lichterfelde) und 99 (nach Lichtenrade) unterwegs. Immer spannend ist es, wenn man während der Fahrt den Flugzeugen zuwinken kann, denn die Start- und Landebahnen liegen fast im rechten Winkel zur Straße.

Ganz schön befahren: A 100

Am S- und U-Bahnhof Tempelhof kommt alles zusammen: von rechts die Manfred-von-Richthofen- und die Hoeppnerstraße aus der Gartenstadt, in luftiger Höhe fährt die Ringbahn, rechts und links liegen die Auffahrten zur A 100 Richtung Charlottenburg und Neukölln. Laut einer Verkehrszählung der Bundesanstalt für Straßenwesen liegt der Autobahnabschnitt Tempelhofer Damm – Alboinstraße mit mehr als 148.000 Fahrzeugen pro Tag auf Platz 10 der meistbefahrenen Straßen Deutschlands.

Ein paar hundert Meter weiter quert die Bundesstraße das ehemalige Dorfzentrum Alt-Tempelhof, lässt Rathaus, Postamt, Karstadt und Hafenzentrum links liegen und wird mitten auf der Stubenrauchbrücke zum Mariendorfer Damm. So wie der Tempelhofer Damm begonnen hat, so endet er auch: mit einem Wahrzeichen, dem Ullsteinhaus.

Es ist nicht leicht, Einzelhändler am Te-Damm zu sein: rauschender Verkehr, donnernde Lkw, kaum Parkplätze, viel Lärm; die Feinstaubwerte sind häufig schon früh im Jahr überschritten. Eine entspannte Atmosphäre zum Bummeln kommt da nicht auf. Immer wieder versuchen Politik und Wirtschaft die Situation zu verbessern, doch weil der Tempelhofer Damm eben auch Bundesstraße ist, können weder Kommune noch Land frei entscheiden. Um trotzdem aktiv zu werden, gründet sich im Juli 2014 die Unternehmensinitiative Tempelhofer Damm (UI). Ihre Mitglieder sind Geschäftsleute, Eigentümerinnen, Anwohner und Dienstleister, die im Kiez wohnen oder arbeiten, wie zum Beispiel die Bauschlosserei Jensch, die seit 1910 in der Kaiserin-Augusta-Straße ansässig ist.

SCHLÜSSELERLEBNISSE

Schon vom Tempelhofer Damm sieht man das leuchtend gelbe Schild des Unternehmens: Bauschlosserei und Schlüsseldienst Süd – Fachbetrieb für Sicherungstechnik und Einbruchschutz. Geführt wird das Traditionsunternehmen in der vierten Generation von den Geschwistern Andrea und Daniel Jensch.

Gegründet wird der Betrieb vor 105 Jahren von Emil Jensch, dem Urgroßvater der beiden. Der Schlossermeister, der u.a. beim Bau des Postdampfers „Bremen" mitgearbeitet hat, kauft das Haus in der Kaiserin-Augusta-Straße 80, baut den Pferdestall im Hof zu Schlosserei und Schmiede um und eröffnet 1910 die erste Bauschlosserei im Ort.

Nach dem Zweiten Weltkrieg ist es der Enkel Franz-Michael, der das Unternehmen wieder aufbaut und erweitert. Neben Zeltkonstruktionen werden damals Markisen und Scherengitter aus Metall hergestellt und auch Schmiedearbeiten gehören zu den alltäglichen Aufgaben. Solche Aufträge seien heute selten geworden, meint Andrea Jensch: „Aufwändige Handarbeit hat ihren Preis."

Ab 1968 baut Franz-Michael Jensch Bauschlosserei und Schlüsseldienst zu einem Fachbetrieb für Sicherheitstechnik und Einbruchschutz um. Auch seine Frau Sigrid arbeitet im Familienunternehmen, die Kinder Andrea und Daniel werden hier groß. „Unsere Mutter hat viele Jahre den administrativen Teil gemacht und uns Kinder in der Wippe im Büro gehabt."

Das Büro befindet sich zwischen Tresen und der beeindruckenden Schlüsseldienstwerkstatt. An den Wänden hängen deckenhoch tausende Schlüsselrohlinge: für Zylinderschlösser, zum

Durchstecken, für den Brief-
kasten, fürs Auto, ausländi-
sche Schlüssel nach Ländern
aufgeteilt, Anlagenschlüssel,
Bartschlüssel. „Das Wichtigste bei einem Schlüssel ist
der richtige Rohling", erklärt
Andrea Jensch. „Wir haben
Rohlinge, die es woanders gar
nicht mehr gibt."

Andrea und Daniel Jensch
von der Bauschlosserei Jensch

Im Hintergrund hört man
das durchdringende Geräusch
einer Maschine, die mit kons-
tanter Gleichmäßigkeit aus dem eingespannten Rohling einen Zweit-
schlüssel fräst. Die Informationen bekommt sie aus dem Computer,
der die nötigen Werte aus dem eingegebenen Code umsetzt. In einer
zweiten Maschine werden Originalschlüssel und Rohling parallel ein-
gespannt. Während ein Messschieber das Original abtastet, bewegt
sich das Fräsrad über den Rohling und schneidet exakt dieselben
Einschnitte heraus. Gearbeitet wird an den Originalmaschinen, die
die Geschwister von ihren Eltern übernommen haben. Auch in der
größeren Metallwerkstatt, dort, wo früher der Pferdestall war, gibt es
noch Originalmaschinen.

Andrea Jensch absolviert nach dem Abitur am Lankwitzer Beet-
hoven-Gymnasium die Lehre zur Industriekauffrau. Dass sie einmal
eine Schlüsselposition in der Firma übernehmen würde, ist nicht
sofort geplant. Sie zieht aus, arbeitet in anderen Betrieben, wird Mutter und kehrt erst mit 33 Jahren nach Tempelhof, ins ehemalige
Elternhaus und in den Familienbetrieb zurück. Dort ist sie heute für
alles Kaufmännische verantwortlich. Für den Außendienst und die
Absicherungen ist Bruder Daniel zuständig.

Sicherungstechnik ist ein Schwerpunkt der Firma Jensch. Angeboten werden Zusatzschlösser für Haustüren, Beschläge, Riegel-
und Kastenschlösser, Fenster- und Türsicherungen mit Stangen
oder Sperrbügeln, mechanische Schließanlagen für den Wohnungsbau, mechatronische Anlagen mit Mikrochips und elektronische

mit Kartenleser. Der Betrieb steht in der Errichterliste der Polizei, d.h. er hat vor dem Landeskriminalamt Berlin seine personelle und fachliche Qualifikation für die sicherungstechnische Nachrüstung bewiesen.

Andrea Jensch lebt sehr gerne in Tempelhof. „Ich kenne es, seit ich klein bin. Ich kann nicht sagen, dass ich den Lärm vom Te-Damm liebe, aber für mich gehört er dazu. Das ist mein Zuhause hier. Ich habe meine Kinder hier großgezogen, die sind hier zur Schule gegangen. Ich lebe hier, ich arbeite hier, ich kaufe hier ein. Mein Leben spielt sich komplett in Tempelhof ab." Mit ihrem Hund ist die Geschäftsfrau oft auf dem Tempelhofer Feld unterwegs, auch am Hafen ist sie häufig anzutreffen, und auch bei Karstadt schaut sie gerne vorbei – direkt gegenüber von der Firma Jensch.

Auch das Bestattungsunternehmen Hahn und das Café *Pausini* sind in der Unternehmerinitiative aktiv, Apotheken, Blumen- und Fahrradhändler, aber auch größere Unternehmen wie Banken, Karstadt, und die städtische Wohnbauten-Gesellschaft Stadt und Land. Sie alle eint der Wunsch, die Straße zwischen Tempelhofer Feld und Ullsteinhaus attraktiver zu machen. Erste Erfolge kann das Netzwerk schon vorweisen: Ihre Macherinnen und Macher haben die Winterbeleuchtung entlang des Te-Damms angeschaltet, den Te-Damm-Taler aufgelegt und stellen ein Herbstfest am Rathaus auf die Beine. Weitere gemeinschaftliche Aktionen und imagefördernde Projekte sollen folgen.

HIRSCHE UND TINTENFISCHE IM FRANCKEPARK

Theodor Francke ist Baumschulenbesitzer, handelt mit exotischen Pflanzen, Tropenhölzern und Elfenbein. Dort, wo seine Elfenbein-bleiche steht, zwischen der heutigen Albrecht- und Theodor-Francke-Straße, lässt der Kaufmann und Kommerzienrat 1875 einen Privatpark mit See und Rodelbahn anlegen. Nach dem Umbau durch die Gemeinde Tempelhof (sie hat das Gelände 1924 von Franckes Erben gekauft) gibt es für die Besucher einen Rosengarten, ein Parkcafé mit Tanzfläche, Fasanerie, Vogelhaus und das bis heute erhaltene Damwildgehege. Die haben übrigens nichts mit dem Damm zu tun und auch nicht mit Bambi, dem Reh. Damwild (lat. dama dama)

Hirsche füttern im Franckepark

sind echte Hirsche, weiblich wie männlich braunweiß gescheckt. Sie leben das ganze Jahr in einem umzäunten Teil des Parks und werden gerne von den Besuchern mit Brot und Gemüseabfällen gefüttert.

Seit Generationen gehen Eltern mit ihren Kindern dorthin, Hirsche füttern im Francke-Park. Das gehört einfach zur Kultur der Tempelhofer.

Das Schöne am Franckepark sind seine Höhen und Tiefen, wie es sie in kaum einem anderen Berliner Park gibt. Ein Weg führt am Knaben mit Tintenfisch vorbei – und man fragt sich, was so ein Tintenfisch wohl in Tempelhof, weit ab vom Meer macht. Möglicherweise hat Theodor Francke die Bronzeskulptur von einer seiner Reisen mit nach Berlin gebracht. Hübsch anzusehen ist das Kunstwerk von Eduardo Rossi, das noch aus der Kaiserzeit stammt, auf jeden Fall.

Wer in den Häusern am Park wohnt, blickt auf den Rosengarten und seinen Brunnen. Dort steht bis 1942 ein kleiner Ziegenbock aus Bronze. Seinen Platz nimmt in den 1960er-Jahren eine meterhohe Bronzeeule von Eugen Stolterfohlt ein, die allerdings 2013 gestohlen wird. Ob die Diebe sie wohl mitgenommen hätten, wenn der Durchgang zum Park unter den Häusern Theodor-Francke-Str. 5 und 6 wie früher ein verschließbares Tor gehabt hätte? Heute steht auf dem Brunnen eine von Manfred Schmidt geschnitzte Holzeule, die an ihre große Metallschwester erinnert.

GÖTZSTRASSE: DAS VOLLE PROGRAMM

Sie ist gerade mal 1.000 Meter lang und hat doch eine Menge zu bieten: Die Götzstraße, die schräg gegenüber von Woolworth vom Tempelhofer Damm abgeht, ist mehr als eine Wohnstraße. Hier befindet sich der Polizeiabschnitt 44, zuständig für Tempelhof, den nördlichen Teil Mariendorfs und den Schöneberger Teil östlich der S-Bahn. Neben dem Polizeirevier steht die Bezirksbibliothek Eva-Maria Buch. Hier gibt es mehr als 87.000 Medien, 211 Zeitungen und Zeitschriften, 19 Computer, kostenloses WLAN und vor allem immer freundliche und hilfsbereite Mitarbeiterinnen, die (fast) jeden Wunsch nach der richtigen Lektüre erfüllen können. Benannt ist die Bücherei nach der Mariendorferin Eva-Maria Buch, der 22-jährigen Dolmetscherin aus Mariendorf, die 1943 hingerichtet wurde, weil sie ein Flugblatt der Widerstandsgruppe „Rote Kapelle" übersetzt hat. In der Nähe der Trabrennbahn Mariendorf, vor ihrem Elternhaus im Hochfeilerweg 23a, erinnert ein Stolperstein an die mutige junge Frau.

Von der Bibliothek, deren Öffnungszeiten die zweitlängsten in ganz Berlin sind, zum Stadtbad sind es nur wenige Meter. Als es 1964 eingeweiht wird, ist es das modernste Bad Berlins. Heute wird der Stahlbetonbau mit der großen Fensterfront zum Park vorwiegend von Schulklassen und Schwimmvereinen genutzt; nur noch an drei (halben) Tagen können Freizeitschwimmerinnen und -schwimmer hier ihre Bahnen ziehen.

Auf der gegenüberliegenden Straßenseite befindet sich der Schulhof der Luise-Henriette-Schule, die vor dem Ersten Weltkrieg

Eva-Maria-Buch-Haus, die Bezirksbibliothek

als höhere Mädchenschule der Gemeinde Tempelhof eröffnet wird. Der Entwurf des Schulgebäudes stammt von dem Architekten und Stadtplaner Fritz Bräuning, der später Dezernent für Bauwesen in Tempelhof wird.[19] Die „Luise" ist heute ein koedukatives Gymnasium mit IT-, Sprach- und Theaterprofil.

Mit Sport geht es nach Laubenkolonien, Seniorenheim und der evangelischen Familienbildungsstätte in der Götzstraße weiter. Auf dem Fußballplatz trainieren die Kicker von BFC Germania 1888 e.V., Deutschlands ältestem noch existierenden Fußballverein. In seiner mehr als 120-jährigen Geschichte geht es für den Club mehr ab als auf. Doch die Fans bleiben ihrem Verein treu. „Man wechselt doch nicht einfach seinen Verein", meint Heinz-Dietrich Kraschewski, Vorsitzender des Tempelhofer Fußballclubs. Der 63-Jährige ist bei allen Spielen dabei; früher hat er seinen Sohn mitgenommen, heute ist es die Enkeltochter. „Am schönsten ist es Samstagnachmittag. Wenn unsere Jugendmannschaften halbe Felder spielen und wir zwei Spiele parallel haben. Man kann sich nicht vorstellen, was dann hier los ist. Das ist toll." Er selbst ist als Fußballer nicht mehr aktiv. „Nee, man muss nicht mehr in kurzen Hosen übern Fußballplatz rennen." Sein Herz aber wird immer dem Fußball im Allgemeinen und dem BFC Germania 1888 im Besonderen gehören.

Ein richtiger Berliner ist Laubenpieper: im eigenen kleinen Garten Tomaten ziehen, Blumen pflanzen und sich über den Gartenzaun mit den Nachbarn unterhalten. In Tempelhof gibt es 54 Kleingartenanlagen. Eine von ihnen ist die *Kolonie Feldblume*, die in diesem Jahr ihr 100. Jubiläum feiert. Als sie 1915 gegründet wird, geht es hier wahrscheinlich genauso anarchisch zu wie in anderen Kolonien. Damals besetzt man eine unbebaute Fläche in der Stadt, zimmert sich eine Laube „nach Lust und Laune zusammen", pflanzt Kartoffeln, Rüben, Gemüse und Tabak an. Vorschriften und Gesetze für die Kolonisten werden erst vier Jahre später erlassen, schreiben seitdem aber genau vor, was man in den Schrebergärten zu tun und zu lassen hat.

Die Feldblume-Gärtner lassen sich zwischen Franckepark und Götzstraße nieder; ihre Parzellen reichen bis zur Berliner Straße (heute Tempelhofer Damm). Mit dem Bau des Rathauses in den

In der Gartenkolonie
Feldblume

1930er-Jahren müssen die Gärten ein Stück weichen. Damals ist es noch üblich, Tiere in den Nutzgärten zu halten, aber „Hunde und Ziegen müssen an der Leine geführt werden", heißt es in der Satzung von 1949. Ziegen gibt es heute keine mehr in der Feldblume, wohl aber Bienen, die exquisiten Tempelhofer Honig produzieren. 103 Parzellen hat die Kolonie, die von rund 200 Vereinsmitgliedern bewirtschaftet werden. Um Nachwuchs müssen sich die *Feldblumen* nicht sorgen; der Boom der grünen Oase vor der Haustür hält seit Jahren an. Doch anders als früher spielt der Gemüseanbau keine so große Rolle mehr, für viele Laubenpieper ist der Garten vor allem ein Ort der Erholung und des Freizeitvergnügens am Wochenende.

Auf der anderen Seite des Franckeparks liegt das Wenckebach-Krankenhaus am Metzplatz. Seine niedrigen roten Backsteinbauten liegen großzügig verteilt und von Mauern geschützt in der Nähe des Tempelhofer Damms. 1878 als „Garnison-Lazareth Berlin II" eröffnet, hat das Krankenhaus einen eigenen Anschluss an die Pferdebahn, um die verletzten Soldaten schneller versorgen zu können. Mehr als 60 Jahre wird das Hospital als Militärkrankenhaus genutzt, bevor es nach dem Zweiten Weltkrieg in ein Zivilkrankenhaus umgewandelt wird. Heute hat das Klinikum 438 Betten und

Wenckebach-Krankenhaus am Metzplatz

gehört zum Vivantes-Konzern. Zu seinen Schwerpunkten gehören ein Zentrum für Altersmedizin, ein onkologisches Zentrum und das Vivantes-Hospiz für die ganzheitliche Versorgung sterbenskranker Menschen. An den Namensgeber Karel Frederik Wenckebach, einen niederländischen Kardiologen, erinnert eine Büste vor dem Verwaltungsgebäude am Haupteingang. Noch mehr Kunst gibt es im Park des Krankenhauses. Beim Spaziergang begegnet man dem „stehenden Mädchen" und der „alten Frau im Sessel", zwei Bronze-Skulpturen, die von dem Worpsweder Künstler Waldemar Otto geschaffen wurden. Gerade im Herbst ist der Park einer der schönsten Orte der Umgebung, wenn sich die Blätter des wilden Weins rot färben und die Hausfassaden verzaubern. Schön ist das – und die Schönheit der Natur kann sicherlich dazu beitragen, gesund zu werden.

RUND UM DEN TEMPELHOFER HAFEN

Mal eben mit der Fähre von der Ost- zur Westmole übersetzen. Fischbrötchen essen, in die Muckibude gehen oder in der Strandbar bei Sonnenuntergang einen Cocktail trinken. Geht alles – im Tempelhofer Hafen. Den gibt es zwar schon seit mehr als 100 Jahren, aber shoppen und chillen sind erst seit 2009 möglich.

1907 wird der Teltowkanal für den Frachtverkehr freigegeben und verkürzt so die Schifffahrtsverbindung zwischen Elbe und Oder um stolze 16 Kilometer. Angelegt ist der fast 38 Kilometer lange und durchschnittlich 27,5 Meter breite lange Kanal für zweischiffigen Gegenverkehr, überquert wird er von neun Eisenbahn- und 46 Straßenbrücken. Der Plan der Gemeinden, dass sich Industrie und Gewerbe entlang des Kanals ansiedeln, geht auf. Auch in Tempelhof. Dort wird 1908 der Binnenhafen eröffnet, der mit 12.000 Quadratmetern nicht nur der größte der neun Häfen entlang des Kanals ist, sondern mit Speicherhaus, Zollstation und Schienenanschluss auch einer der meist genutzten.[20] An drei Seiten des Hafens werden die Waren, vor allem Getreide, Mehl, Zucker, Tabak, Öle und Stückgut gelöscht. Zehn bis zwölf Kähne können mit Hilfe der Portalkräne gleichzeitig entladen werden. Über der Hafeneinfahrt ist eine eiserne Leinpfadbrücke angebracht, damit die Treidellokomotiven, die die Kähne durch den Kanal schleppen, durchgehend fahren können.

Eisenbahngleise führen vom Hafen zur Ringbahn und zur Rixdorf-Mittenwalder Eisenbahn (später Neukölln-Mittenwalder Eisenbahn), ein Nebengleis läuft parallel der Teile- und Ordensmeisterstraße zum Industriegebiet Tempelhof-Ost.

Das mehrstöckige und feuersicher gebaute Lagerhaus aus Stahlbeton ist eines der modernsten seiner Zeit: 120 Meter lang, 25 Meter breit, vier Stockwerke, zwei Dachgeschosse. Während der Berlin-Blockade wird das Lagerhaus genutzt: 1,7 Millionen Tonnen Lebensmittel und Güter werden rund um die Uhr vom Flughafen hierher transportiert und von hier aus weiterverteilt.[21] [22] Bis 1990 ist das Speicherhaus einer von 200 geheimen Orten in Westberlin, an denen Lebensmittel und andere Waren des täglichen Bedarfs gelagert werden. Diese Senatsreserve, rund vier Millionen Güter im Wert von insgesamt zwei Milliarden D-Mark, wird nach der Wende aufgelöst, ein Teil wird als humanitäre Hilfe in die damalige Sowjetunion gebracht. In den 90er-Jahren verkommt der Hafen; viele Gebäude stehen leer und verfallen. Allein die Schrotthändler können noch Geschäfte machen und verschiffen von hier rund 6.000 Tonnen Schrott pro Monat.

Anfang des Jahrtausends steht die Umgestaltung des Hafenareals an. Lange diskutieren Bevölkerung, Verwaltung, Investoren, Eigentümer und Einzelhändler miteinander: Ein urbanes Zentrum soll entstehen, historisch, modern und überregional bedeutend – ein öffentlicher Ort für Kunst, Kultur und Kommunikation. Die nahe gelegene ufaFabrik entwickelt in Zusammenarbeit mit der Technischen Universität ein Konzept zur nachhaltigen Nutzung, doch nach einer Ausschreibung entscheidet sich die Bezirksverwaltung 2007 für einen Münsteraner Investor, der innerhalb von nur zwei Jahren ein riesiges Einkaufszentrum mit 70 Geschäften, Ärzte- und Bürohaus errichtet. Der Hafen bekommt eine eigene Marina mit 40 Bootsliegeplätzen, ein paar schicke Restaurants und Lounges – mit großartigem Blick auf das restaurierte Speicherhaus und die drei erhaltenen Portalkräne. Eine Shoppingmall mit Hafen – das gibt es nur einmal in Berlin. In Tempelhof.

Am Hafen liegt auch das Ullsteinhaus, ein Wahrzeichen des Bezirks. Ein wahrhaft beeindruckender Backsteinbau, dessen 77 Meter hoher Turm weit zu sehen ist. Der Ullstein-Verlag aus Kreuzberg lässt das Haus Mitte der 1920er-Jahre bauen, um dort Zeitschriften und Bücher zu drucken. Das Haus wird „der erste Stahlbeton-Skelettbau Deutschlands, dessen extra massive Eigendecken dafür ausgelegt sind, hunderte von Tonnen Papier darauf zu bewegen."[23] 1934 aber

Beeindruckende Kulisse:
Tempelhofer Hafen bei Nacht

wird die jüdische Familie Ullstein enteignet, indem sie ihr Unternehmen weit unter Wert an einen Strohmann verkaufen muss. Erst 1952 erhält sie das Ullsteinhaus wieder zurück. 1960 verkaufen die Erben einen Großteil der Verlagsaktien an Axel Springer, der noch bis 1985 in Tempelhof drucken lässt. Zwischen 1986 und 1993 wird das Ullsteinhaus erweitert, seitdem gibt es in dem Gebäude neben diversen Büros unter anderem eine christliche Freikirche, die Ullsteinhausklinik, ein Weiterbildungsinstitut und die Fashion Gallery, ein Modezentrum für den Fachhandel. Seit 1988 findet hier eine der ältesten Modemessen der Welt statt, die *Berliner Durchreise*, bei der rund 450 Kollektionen vorgestellt werden.

In der Diskothek Amber Suite treffen sich Menschen über 30. Die Terrasse liegt direkt am Kanal, eine barocke Lounge und die beiden Dancefloors Lina's Ballroom und Bero's Dance Club bieten etwas für alle Besucherinnen und Besucher.

2011 gründet sich der Förderverein Deutsches Pressemuseum im Ullsteinhaus e.V. mit dem Ziel, die Entwicklung der deutschen Presse zu zeigen – von der Kaiserzeit bis heute, von der gedruckten Zeitung bis zum Onlinemagazin. Ein Schwerpunkt soll eine Sammlung des weltberühmten Fotografen Robert Lebeck werden. Lebeck, der in Tempelhof groß geworden ist und zu den Gründungsmitgliedern des

Direkt am Kanal: das ehemalige Druckhaus des Ullstein-Verlags

Fördervereins gehört, starb im Juni 2014, seine Kiosk-Sammlung „umfasst 30.000 Exponate zur Geschichte der Fotoreportage von 1839 bis 1973 – von der ersten Daguerreotypie bis zur letzten Ausgabe des legendären „Life"-Magazine."[24] Gelingt es den Museumsmachern, die Lebeck-Sammlung ins Deutsche Pressemuseum im Ullsteinhaus zu holen, kann Tempelhof die Geschichte der Presse ein Stück weiterschreiben.

Fashion Gallery, Modezentrum für den Fachhandel

UFAFABRIK: KOMMUNE UND KULTUR AM KANAL

9. Juni 1979: Während anderswo erste Häuser besetzt werden, ist die Westberliner Welt in Tempelhof noch in Ordnung. Doch an diesem sonnigen Samstagmorgen, laut Wetterbericht ist es deutlich zu warm, machen sich etwa 100 Frauen und Männer, junge und ältere, Studentinnen und Arbeiter, Schüler, Lebenskünstler und sogar ein paar echte Berliner aus Schöneberg auf den Weg in die Viktoriastraße. Dort liegen die seit Jahrzehnten verlassenen Kopier- und Synchronstudios der Ufa-Filmgesellschaft Afifa im Dornröschenschlaf. Eigentlich will die Deutsche Bundespost auf dem Gelände einen Fuhrpark errichten, stellt dann aber fest, dass die Straße für ihre Lkw zu schmal ist. Auch das Land Berlin als Eigentümerin weiß nichts mehr mit dem Areal am Kanal anzufangen. Ein glücklicher Umstand für die bunt gemischte Gruppe, die hier ankommt und einen Platz für ihr selbstorganisiertes Freizeitzentrum sucht. Das ist die Geburtsstunde der ufaFabrik – für lange Zeit das einzige und absolute Highlight in der Tempelhofer Kulturwüste.

„Wir haben das Gelände damals nicht besetzt, wir haben es friedlich in Betrieb genommen," sagt Sigrid Niemer, eine der Gründerin-

Gemeinsam wohnen, leben, arbeiten: die ufaFabrik 1979

nen. Die Strategie ist einfach: „Wir sind freundlich und kooperativ und sprechen mit jedem, der mit uns reden will. Wir zahlen Miete und wollen nichts geschenkt. Wir brauchen nur schnell die Chance, hier beginnen zu können."

Schon bald hängt ein Schild am Eingang des Geländes. „Herzlich willkommen" heißt es die Nachbarn. „Wir haben alle eingeladen; wir wollten ja, dass sie uns akzeptieren und zu uns kommen." Und das tun die Tempelhofer auch: Einige etwas zögerlich, andere neugierig; denn zum ersten Mal seit 50 Jahren ist das Gelände nicht mehr hermetisch abgeriegelt. Vor allem Kinder sind die Brückenbauer: Auf dem Gelände spielen die Mädchen und Jungs aus der Nachbarschaft mit dem ufaFabrik-Nachwuchs. Viele Jahre wird das Fabrikgelände ein Abenteuerspielplatz mit viel Freiraum sein – für Kinder und Erwachsene.

Der ufaCircus mit Artisten, Feuerschlucker und Jongleurinnen, mit Charlie, Juppy und seiner Hundenummer ist legendär. Die Kinderzirkusschule ist ein Renner für Nachwuchsakrobaten und -tänzerinnen und lädt seit 1987 alljährlich zum Kinderzirkusfestival ein.

Die ufaBühne ist bis heute ein kulturelles Sprungbrett: Die drei Tornados, Wolfgang Neuss, Kurt Krömer, Murat Topal und viele andere werden von der ufaFabrik gefördert und später bundesweit bekannt. Und die hauseigene Sambaband Terra Brasilis steht nicht nur in Tempelhof, sondern in der ganzen Welt auf der Bühne.

Das Internationale Kulturzentrum macht seinem Namen alle Ehre, gehört zum europäischen Kulturnetzwerk Trans Europes Halles und arbeitet unter anderem mit Projekten in Kambodscha und Tansania zusammen. Immer wieder kommen Künstlerinnen und Künstler aus allen Kontinenten für längere Zeit nach Tempelhof, um hier zu leben und zu arbeiten.

Schon früh gibt es ein Café mit Biergarten. Später kommen Bäckerei, Bioladen, Sport-, Tanz- und Musikstudios hinzu. Auf dem Kinderbauernhof leben Schweine, Pferde, Hühner, Kaninchen, und in der großen Buddelkiste werden eifrig Sandkuchen gebacken und -burgen gebaut. Das Nachbarschafts- und Selbsthilfezentrum, kurz N.U.S.Z., 1987 gegründet, ist heute auch über Tempelhofs Grenzen hinaus aktiv.

Auch die Freie Schule gibt es noch: Hier entscheidet jedes Kind selbst, was es wann und wie lernen möchte. Dass das Konzept funktioniert, sieht man beim Wechsel auf weiterführende Schulen, den packen die „freien" Kinder genauso gut wie andere.

Der ufaFabrik ist es zu verdanken, dass es in den 80er-Jahren wieder ein Kino in Tempelhof gibt. Im alten Kinosaal, später auch in zwei umgebauten Synchronstudios, restauriert und mit funktionierender Technik ausgerüstet, laufen Filme abseits des Mainstreams. In der ufaFabrik eröffnet auch das erste Freiluftkino Berlins: An lauen Sommerabenden wird auf der großen Wiese am Kanal die Leinwand aufgespannt, das Publikum bringt Klappstühle und Schlafsäcke mit. Kult sind vor allem die Stummfilme, zu denen Willy Sommerfeld live Klavier spielt. Heute befindet sich hier eine große überdachte Sommerbühne.

Von Anfang an experimentieren die „ufas" mit regenerativen Energien, bauen Solarkollektoren aus alten Heizkörpern, probieren aus, wie Windräder in der Stadt funktionieren. Heute sind die Dächer der ufaFabrik begrünt und wärmegedämmt, man produziert ei-

Sigrid Niemer, Gründungsmitglied der ufaFabrik

genen Strom und spart mit der Grauwasseranlage bis zu zwei Millionen Liter Trinkwasser im Jahr. Beheizt wird das gesamte Gelände über eine Blockheizkraftanlage. „In den Anfängen wurden wir als liebenswerte Spinner abgetan, als Ökohippies, Müslis. Aber die zeitliche Entwicklung hat uns Recht gegeben, dass wir auf der richtigen Fährte waren," erzählt Sigrid Niemer.

35 Menschen zwischen sieben Jahren und Mitte 60 leben in der Lebensgemeinschaft, mehr als 200 arbeiten auf dem Gelände. Die Fluktuation ist gering, „ein Drittel der Bewohner ist noch von den ersten Tagen, ein zweites Drittel ist aus den ersten drei bis acht Jahren, die anderen sind später dazugekommen."

Entscheidungen werden gemeinsam im Plenum getroffen, anfangs täglich, heute nur noch bei Bedarf. Eine Stimme hat jeder, der in der Kommune lebt, auch die Jugendlichen. „Wenn so viele Menschen so dicht aufeinander leben und sich so verwoben haben in ihrer Existenz und in ihrer künstlerischen Arbeit, geht es permanent darum zu verhandeln und zu besprechen, abzuwägen, zu entscheiden. Das ist schon ein sehr intensiver täglicher Austausch."

Nach 36 Jahren ist das Gefühl „Wir machen immer alles gemeinsam" dem wachsenden Bedürfnis nach Privatheit gewichen. „Heute wohnt hier jeder und jede so, wie sie gerne möchten." Geblieben ist der Respekt vor dem Einzelnen und seinen individuellen Bedürfnissen.

Jetzt ist die Zeit für ein neues Experiment gekommen: Die nächste Generation steht in den Startlöchern. Sigrid Niemer, die die Abteilung PR und Öffentlichkeitsarbeit der ufaFabrik leitet, hat gerade ihren 60. Geburtstag gefeiert. „Was mich beflügelt, sind die Aussagen von Jüngeren, hier in die Verantwortung gehen zu wollen. Also nicht nur ein bisschen mitmachen, sondern langfristig ihre Sachen einzubringen und in ihrem Stil weiterführen. Auch wenn es sich noch etwas ambivalent anfühlt, weiß ich, dass ich mich in Ruhe irgendwann rausnehmen kann. Weil ich weiß, das hat hier eine Zukunft, eine junge Zukunft. Das finde ich fantastisch."

GANZ SCHÖN VERMESSEN: DER MITTELPUNKT DEUTSCHLANDS

Eine Zeitlang ist Tempelhof der Mittelpunkt Deutschlands. Denn auf der heutigen Marienhöhe, die 1832 noch „Rauenberg" heißt, beginnt die Geschichte der Landvermessung des Preußischen Reichs. „Als Ausgangspunkt der Längen und Breiten ist der bei Berlin gelegene Hauptdreieckspunkt Rauenberg gewählt worden, dessen Länge und Breite durch Übertragung der Position der Berliner Sternwarte bestimmt wurde, und auf welchem 1859 das Azimut des Marienthurmes in Berlin gemessen worden war ..."[25] Durch den professionellen Kiesabbau ab 1912 verschwindet das Zentrum des Deutschen Hauptdreiecksnetzes (DHDN). Heute erinnert ein würfelförmiger Granitstein an den einst so wichtigen trigonometrischen Vermessungspunkt.

Die bis zu 80 Meter tiefen Kiesgruben sollen zwischen den beiden Weltkriegen als Filmkulisse gedient haben, unter anderem für einen Winnetoufilm. Nach dem Zweiten Weltkrieg wird das Gelände mit Trümmern aufgefüllt, so dass aus 19.000 Kubikmetern Schutt die Marienhöhe entsteht – mit 73 Metern Tempelhofs höchster Hügel. Vom Aussichtspunkt kann man bei gutem Wetter im Süden die Müggelberge und im Westen den Fernmeldeturm am Schäferberg in Düppel erkennen. Bei Schnee trifft man sich zum Rodeln, im Sommer spaziert man entspannt durch den Park, nimmt ein Sonnenbad auf der Wiese oder spielt Fußball. In den 1970er-Jahren gibt es sogar ein kleines Amphitheater mit Freiluftbühne. Die ist inzwischen abgebaut, doch die terrassenartigen Sitzgelegenheiten kann man immer noch nutzen. Rund um den Berg führt der Marienhöher Weg. Die idyllische Einfamilienhaussiedlung dort gibt es schon seit den 1930er-Jahren. Sie ist heute neben dem Fliegerviertel und der Monopolsiedlung eine der schönsten Wohnadressen im Bezirk.

Blick von der Marienhöhe

Fast unverändert ist seit mehr als 60 Jahren die Marienhöher *Berg-terrasse*. Mitten im Grünen hat sich das etwas versteckt liegende Gartenlokal seinen magischen Charme bis heute erhalten.

Von der Marienhöhe führt ein Fußweg zur Siedlung Attilahöhe. Das Großsiedlungsprojekt entsteht zwischen 1928 und 1930, in Auftrag gegeben vom Berliner Spar- und Bauverein. Die fünf Wohnblöcke ziehen sich von der Tankredstraße über den Attilaplatz bis zur Totilastraße. Am Ende der Wittekindstraße befindet sich das vierstöckige Wasch- und Heizhaus, der höchste Punkt der Siedlung. Die Architekten, zu denen auch Bruno Taut gehört, setzen auf klare und sachliche Linien, die Balkone werden so angeordnet, dass sie möglichst viel Sonnenlicht bekommen. Die Häuser sind so versetzt, dass unterschiedliche Arten von Innenhöfen entstehen. Ein paar Straßen weiter befindet sich der Alboinplatz – direkt auf der Grenze zwischen Tempelhof und Schöneberg. Und genau in der Mitte des Platzes liegt ein kleiner Teich aus der Eiszeit – die Blanke Helle.

Der Sage nach ist der See vor vielen Jahrhunderten der Zugang zum germanischen Totenreich. An seinem Ufer hütet ein Priester den Opferstein für Hel, die Göttin der Fruchtbarkeit und Unterwelt. Zwei Mal im Jahr schickt Hel dem Priester ein Paar Auerochsen, damit er seine Felder pflügen kann. Doch sein Nachfolger, ein christlicher Mönch, hält sich nicht an die Rituale. Hel wird zornig und sorgt dafür, dass Mann und Maus, Mönch und Hütte von dem brodelnden See verschlungen werden. Noch zu Beginn des 20. Jahrhunderts sollen die Menschen geglaubt haben, dass der See jedes Jahr ein Opfer in die Tiefe zieht. Am Rande der Blanken Helle steht ein Auerochse mit gesenkten Hörnern. Sieben Meter hoch und neun Meter lang ist die imposante Skulptur, die aus 3.000 Rüdersdorfer Kalksteinen besteht – und wegen ihrer Ausmaße auch gerne „der größte Ochse von Berlin" genannt wird. Arbeitslose Bildhauer haben sie Mitte der 1930er-Jahre nach einem Entwurf von Paul Mersmann errichtet. Nach Aussagen von Mersmanns Sohn soll sich im Inneren ein Aufruf gegen Hitler befinden, den viele Künstler und Bildhauer unterzeichnet haben. Auf der östlichen Seite des Platzes liegt die Siedlung „Blanke Helle". Die Wohnungsbaugesellschaft degewo hat die im Halbkreis gebaute Anlage, die heute unter Denkmalschutz steht, 1929 in Auftrag gegeben.

ZAHLENSPIELE

Ende 2014 leben 59.220 Menschen im Ortsteil Tempelhof. Innerhalb von sechs Jahren ist die Bevölkerungszahl um 8,5 Prozent (Berlin: 5,9 Prozent) gestiegen. Das ist der höchste Zuwachs in den vier Ortsteilen von Tempelhof. Von 2013 zu 2014 allerdings steigt die Zahl nur noch um knapp zwei Prozent. 52,2 Prozent der Bevölkerung sind weiblich. Mit 26,6 Prozent stellen die 27- bis 45-Jährigen die größte Gruppe, gefolgt von den Sechs- bis 27-Jährigen (20,6 Prozent). Die über 65-Jährigen sind mit 19,3 Prozent vertreten.

Mariendorf
Mondän und bodenständig

Was Mariendorf an Kultur fehlen mag, machen Sport und Natur wieder wett. Die Trabrennbahn hat Mariendorf weit über Berlins Grenzen berühmt gemacht. Auch der Rocktreff, das größte Amateurbandfestival Berlins, hat zum Bekanntheitsgrad des Bezirks beigetragen. Wo sonst werden die Geschicke eines Schwimmvereins in einer alten Mühle bestimmt? Kein anderer Ortsteil in Tempelhof hat ein Freibad zu bieten. Mariendorf hat sogar zwei. Und viel Natur gibt es nicht nur im Volkspark, sondern auch auf dem Friedhof.

VOM MITTELALTER IN DIE NEUZEIT

Wer in Alt-Mariendorf aus dem Untergrund der U6 kommt, findet sich auf einer großen Kreuzung wieder. Man muss schon sehr genau hinschauen, um das Dorf zu erkennen, das diesem Ortsteil seinen Namen gegeben hat. Denn an der Kreuzung Alt-Mariendorf tobt heute der Verkehr. Von Nord nach Süd durchschneidet die B96 den alten Kern, an der Kirche beginnt die B101, nach Osten führt die Reißeckstraße nach Neukölln.

Das war nicht immer so. Als Mariendorf um 1230 vom Tempelritterorden gegründet wird, ist es hier ausgesprochen still. Gute 100 Jahre später, als das Dorf zum ersten Mal schriftlich erwähnt wird, hat „Mergendorp" eine Größe von 48 Hufen, ungefähr 367 Hektar. Wie auch Tempelhof und Marienfelde geht Mariendorf mit dem Verbot der Tempelritter in den Besitz des Johanniterordens über und wird von diesem 1435 an Berlin und Cölln verkauft.

Um 1800 leben gerade einmal 162 Menschen in Alt-Mariendorf, erst zum Ende des 19. Jahrhunderts übersteigt die Einwohnerzahl die Tausendermarke. Dann aber geht es rasant weiter, mit dem Bau des Teltowkanals und der damit verbundenen Industrialisierung ziehen immer mehr Leute in das Dorf südlich von Berlin: 1910 sind es schon mehr als 15.000, 1930 fast doppelt so viele und heute leben hier mehr als 50.000 Menschen.

Wie die Galionsfigur eines Schiffs ragt die alte Dorfkirche mit dem kleinen Kirchhof auf der westlichen Seite des Mariendorfer Damms empor. Vermutlich zwischen 1201 und 1230 errichtet, steht das Gotteshaus aus Granitquadersteinen seit fast 800 Jahren unverändert etwas abseits des alten Dorfkerns. Nur der Turm hat im Laufe der Jahrhunderte einen barocken Aufsatz bekommen.

Wer genau hinschaut, sieht auf seiner Wetterfahne neben dem Berliner Bären und einem Drachenkopf auch die Jahreszahl 1737. Viel älter ist die Glocke, die bis heute zum Gottesdienst läutet: 1480 gegossen, ist sie eine der ältesten Glocken der Stadt.

Seit 1970 gibt es ein Glockenspiel mit 16 Glocken, das etwa drei Minuten vor jeder vollen Stunde ein geistliches Lied spielt – das man wegen des Verkehrs leider nur in unmittelbarer Nähe hören kann.

In den 1950er-Jahren macht sich Schwamm in den alten Gemäuern breit. Mehrere Jahre dauert die Restaurierung, bei der auch der Haupteingang an die Westseite des Turms verlegt wird. Und ein Geheimnis wird gelüftet: Überreste menschlicher Knochen unter den Fundamenten deuten darauf hin, dass es hier schon so etwas wie einen Friedhof gab, bevor die Kirche gebaut wurde. Im Chorraum wird ein weiteres Grab entdeckt. Hier ruhe, so steht es 1781 in der Chronik der Kirchengemeinde, in einem kleinen Backsteingewölbe der Sarg der Frau von Rosay, mit verzinnten Rokokoranken verziert.

Dorfkirche Alt-Mariendorf

Beim Spaziergang durch Alt-Mariendorf und entlang des Mariendorfer Damms zeugen eingeschossige Bauernhäuser, mehrstöckige Altbauten aus der Gründerzeit und Nachkriegswohnhäuser von der Baukunst des 19. und 20. Jahrhunderts. Gebaut um 1820, ist das Bauernhaus in Alt-Mariendorf 28 vermutlich das älteste Haus in Mariendorf. Die Nr. 25 war Mitte des 19. Jahrhunderts der Vierseithof von Wilhelm Hoeft. Er ließ das Bauernhaus mehrmals erweitern, so dass es fast wie eine Villa wirkte – und den Vorübergehenden deutlich zeigte, dass man es zu einigem Wohlstand gebracht hatte.[26]

MUSEUM UND MUSIKE

Wie die Menschen damals lebten, schaut man sich am besten im Tempelhof-Museum an. Hervorgegangen aus dem Heimatarchiv, ist es seit mehr als 50 Jahren im Schulhaus in Alt-Mariendorf 43 untergebracht. Wer die knarrende schmale Holztreppe in den ersten Stock steigt, kommt in einem Dorf um das Jahr 1800 an: Setzen Sie sich doch zu Pfarrer Klette und der Witwe Lusche, einer Tagelöhnerin. Erfahren Sie, warum Kriegscommissarius Göttschke Ärger bekommt und der Besitzer vom Dorfkrug vor Gericht muss. Lassen Sie sich vom Müllermeister Gaebert erzählen und vom Lehrer Gröben. Sie können natürlich auch in der Schatzkiste des Museums stöbern und sich das ländliche Leben in Bildern angucken.

Einen Raum weiter geht es um die Industrialisierung im Bezirk. Viele Originalobjekte zeigen die Arbeitswelt in Tempelhof zu Beginn des 20. Jahrhunderts: von der Sarotti-Schokoladenproduktion über die flotte Küchenfee bis hin zu Schreibmaschinen, Telefonen, Zeitschriften und Büchern – alles made in Tempelhof.

Und auch zum Thema Wohnen gibt es jede Menge Informationen darüber, wie aus vier kleinen Dörfern in nur 100 Jahren mittelgroße Städte werden.

Der vierte Themenkomplex ist ein berührender und verstörender: Nationalsozialismus in Tempelhof. „In acht Familiengeschichten aus allen vier Ortsteilen werden stellvertretend die Lebenswege von Tempelhofer Männern und Frauen in der NS-Zeit vorgestellt. Sie leisteten Widerstand, waren Helfer und Verfolgte – aber auch die Geschichte einer Täterfamilie ist dabei."[27] Viel Vergessenes und Verdrängtes haben die Vereine und Einzelpersonen, die sich seit den 1980er-Jahren mit dem Thema beschäftigen, in Texten und Bildern veröffentlicht. Besonders einprägsam ist das Gedenkbuch für die 232 Juden, die aus Tempelhof deportiert wurden: Menschen, die dort lebten, wo wir heute zu Hause sind. Es ist unsere Geschichte, die das Heimatmuseum für uns hütet – und uns mahnt, wachsam und aufmerksam zu sein.

Wenn das Heimatmuseum im ersten Stock liegt, was spielt sich dann im Erdgeschoss ab? Hier gibt die Leo-Kestenberg-Musikschule, eine der größten Musikschulen Berlins, Unterricht für Kinder, Jugendliche und Erwachsene: von A wie Afrikanisches Trommeln bis W wie Waldhorn. Und so schwingen, während man oben durch längst vergangene Zeiten wandelt, von unten neue Töne herauf.

CAFÉ ACHTECK

Menschen haben Bedürfnisse. Die muss man (sich) erfüllen. Vor allem die dringenden. Allerdings nicht vor aller Augen. Ein Sichtschutz wäre fein, wenn man(n) sich einmal erleichtern möchte. Das mag sich der Berliner Stadtbaurat Carl Theodor Rospatt 1878 gedacht haben, als er auf Geheiß seines Polizeipräsidenten ein Toilettenhäuschen entwarf: sieben gusseiserne Außenwände auf einem achteckigen Grundriss, verglaste Oberlichter und eine Lüftungshaube. Die achte Außenwand ist dreigeteilt, wird als Eingang genutzt und verhindert indiskrete Einblicke. Im Inneren sorgt ein Paravent

Bedürfnisanstalt am U-Bahnhof Alt-Mariendorf

für die nötige Privatsphäre. Die sieben Stände für Männer (und nur für sie sind diese Einrichtungen damals gedacht), haben Rinnen im Boden und sind durch Schieferplatten voneinander getrennt. Fertig ist das öffentliche Pissoir mit eingebauter Wasserspülung – und hat schnell den Namen „Café Achteck" weg. Von den ehemals 142 grün gestrichenen Bedürfnisanstalten mit ihren ornamentalen Verzierungen gibt es heute nur noch wenige in Berlin. Eines der denkmalgeschützten Exemplare steht in der Friedenstraße. Um 1910 an der Ringbahnstraße in Tempelhof installiert, ist das stille Örtchen dort vom Abriss bedroht und wird 1999 nach behutsamer Restaurierung nach Mariendorf versetzt, um dort Umsteigern zwischen U-Bahn und Bus etwas Erleichterung zu verschaffen. Heute dürfen auch Frauen die öffentliche Toilette aufsuchen. Vor 100 Jahren mussten sie sich noch ins Gebüsch hocken, um ihrem Bedürfnis nachzugeben.

WO LAUFEN SIE DENN?

„Noch zwei Minuten bis zum Start. Start in zwei Minuten." Schnaubend traben die Pferde an der Besuchertribüne vorbei. Vor den Wettschaltern drängeln sich Glücksritter und Zockerinnen, um die letzten Euro gewinnbringend anzulegen. Pferde, Jockeys und Publikum bringen sich in Position für das nächste Rennen. Sonntagnachmittag auf der Trabrennbahn, Mariendorfs Markenzeichen und absolutes Muss für Liebhaber von Pferderennen.

Seit 1913 Jahren geht es rund auf der Trabrennbahn Mariendorf, die ganzjährig geöffnet ist. Zwei Männer sind damals an ihrem Erfolg maßgeblich beteiligt. August Endell, Künstler, Dichter und Architekt. Sein Baustil, als „eigenwillig" bezeichnet, macht die Mariendorfer Anlage zu etwas Besonderem. Seine Tribüne mit den schräg ansteigenden Sitzreihen unter dem offenen Dach wird heute noch genutzt und steht unter Denkmalschutz. An der Rückwand erkennt man noch das geometrische Muster aus farbigen Glasursteinen.

Bruno Cassirer ist Verleger, Galerist und erfolgreicher Pferdezüchter. Er ist einer der ersten Vorstände des Trabrenn-Vereins und prägt den deutschen Trabrennsport wie kein anderer. Aber Cassirer ist auch Jude und wird 1933 aus allen Ämtern gedrängt, er darf die

Panoramablick von der
Tribüne der Trabrennbahn

Mariendorfer Trabrennbahn nicht mehr betreten. 1938 emigriert er nach Oxford, im Trabrennbahn-Verein werden alle Funktionen nationalsozialistisch korrekt besetzt. Trotzdem zählt Mariendorf bis 1939 zu den exklusivsten und führenden Bahnen des Landes. „Diese Ära endete am 10. Juni 1939, wonach die Bahn auch zweckentfremdet genutzt wurde. Bis April 1943 trabten die Pferde ausschließlich in Ruhleben."[28]

Nach der Wiedereröffnung 1946 entwickelt sich die Bahn zu einem Publikumsmagneten: Nicht nur Trabrennen ziehen das Publikum in Zeiten des Wirtschaftswunders an. Auch Modenschauen und Motorradrennen. Weltstars, die von der Berlinale einen Abstecher nach Mariendorf machen, locken Zehntausende an den Mariendorfer Damm. Alljährlicher Höhepunkt ist die Derby-Woche mit bis zu 70.00 Besucherinnen und Besuchern.

„Noch eine Minute bis zum Start. Noch eine Minute." Wer gewinnen will, muss Glück haben – oder Durchblick. Das fängt schon beim Verständnis des Wettscheins an: Die richtige Trabrennbahn und den Wochentag anzukreuzen ist kein Problem. Die Reihenfolge der Rennen steht im Programmheft. Wie hoch der Einsatz ist, bestimmt ein Blick ins Portemonnaie. Der Mindesteinsatz liegt bei 20 Cent. Wer auf einen Außenseiter setzt und damit richtig liegt, kann mehrere Tausend Euro gewinnen. Doch auf das richtige Pferd zu setzen – dafür gibt es zig verschiedene Arten: Zweier-, Dreier-, Viererkombinationen, Platzwetten. Oder nur auf den Sieger.

„Der Start für das Rennen ist frei. Start frei!" Während der Bahnsprecher Ross und Reiter, Gestüt und Erfolge nennt, paradieren die Sulkys am Publikum vorbei. Auf den Tribünen, die 8.000 Menschen Platz bieten, werden die Ferngläser gezückt. Auf den Stehplätzen behauptet der Hauswart aus Marienfelde seinen Platz neben den schrillen Ladys aus Schöneberg, daneben fachsimpeln Hausfrauen auf Kaffeekränzchentour mit Hipstern aus der Werbebranche über die beste Platzierung.

Der Startschuss fällt, und auf der 1.200 Meter langen Wettkampfbahn rasen die Pferde los. Dass sie hier im Uhrzeigersinn und nicht, wie auf den meisten anderen Bahnen, linksherum laufen, habe nichts mit den Vorlieben der Pferde zu tun, meint Pressesprecher

Heiko Lingk. „Das liegt daran, wie die Bahn gebaut wurde. Der Ziel-einlauf soll ja möglichst nahe an der Tribüne sein." Pferd und Fahrer geben beim Endspurt noch mal alles – und wenn das richtige Pferd gewinnt, jubeln auch die Pferdewetter mit dem richtigen Tipp. Selbst wenn die großen Zeiten des Trabrennsports längst vorbei sind, hier und heute ist Pferdewetten ein Gesellschaftsspiel – bei dem die Trabrennbahn Mariendorf zum wöchentlichen Vergnügen gehört.

Mariendorf ist neben Karlshorst und Hoppegarten die dritte noch aktive Pferderennbahn in Berlin. Zum 24 Hektar großen Areal, das mitten in einem Wohngebiet liegt, gehören auch Stallungen und Einrichtungen für 800 Pferde, Hufschmiedewerkstätten, Sattlereien, Pferdetransportunternehmen und eine Tierarztpraxis.

VON DER BUGA ZUM BRITZER GARTEN

Von der Trabrennbahn ist es nicht weit zum Britzer Garten. An der Tauernallee liegt der Westeingang der schönen Grünanlage. Offiziell gehört sie zu Britz, also zu Neukölln. Als die Anlage vor 30 Jahren geschaffen wird, heißt sie noch BUGA-Park; denn hier findet 1985 die erste und bis heute einzige Bundesgartenschau in Berlin statt. Es ist der erste große Park, der nach dem Krieg in der Mauerstadt angelegt wird: 90 Hektar Fläche mit Rosengarten, Rho-dodendronhain, Tulpen- und Dahlienschau, Spiellandschaften, Lie-gewiesen, Seen, Museumsbahn und Europas größter Sonnenuhr. Zum Schnabulieren geht es ins Café am See. Am Wasser gibt es den großen Festplatz, auf dem das ganze Jahr gefeiert werden kann: Sonnenwende, Herbstdrachenfest, Klassik- und Openair-Konzerte, Feuerwerk, Jazz. Zwei Einschränkungen gibt es: Wer sich hier er-holen will, zahlt Eintritt. Und: Hunde müssen draußen bleiben. Be-sucherinnen und Besucher aus allen anderen Bezirken sind aber gerne gesehen, natürlich auch aus Mariendorf.

ZWISCHEN DEN WELTEN

Als seine Töchter noch klein sind, geht Prinz Alain-Maurice Ko-djo Dah Bokpe von Allada oft mit ihnen in den Britzer Garten. Die Kinder erkunden die Gegend mit dem Fahrrad, der Papa lässt sich von der Natur inspirieren. „Ich will die Prozesse zwischen Natur,

Mensch und Gott verstehen, um zu begreifen, dass man sich für das Gute einsetzen muss." Schon früh hat der kleine Alain-Maurice, geboren 1962 in Benin, eine enge Beziehung zu Natur und Umwelt. Er wird in der Tradition des Voodoo unterrichtet, einer westafrikanischen Naturreligion. Sie soll ihn auf die Aufgabe als Prinzen vorbereiten. Das habe nichts mit schwarzer Magie und Zauberei zu tun, vielmehr gehe es darum, sich als Mensch mit Gott und der Natur zu verbinden.

Prinz Alain-Maurice Kodjo Dah Bokpe von Allada

Als 19-Jähriger verlässt der Westafrikaner sein Heimatland, um in Gotha und Leipzig zu studieren. Er wird Diplomingenieur, unterrichtet in Thüringen angewandte Mathematik und zieht für ein weiteres Studium nach Berlin-West. Hier verschlägt es ihn nach Tempelhof. „Das war Schicksal: Mit den Templern bin ich in meinem Leben und meinem Dasein immer gut verbunden." Da passt es, dass er sich auch mit Metaphysik, Astrologie und Geisteswissenschaften beschäftigt.

Die Verbindung zu seiner Heimat hat er über all die Jahre aufrechterhalten. Mehrmals im Jahr fliegt er nach Benin, wo er 1997 zum Dah, dem „Oberhaupt für die Geistigkeit des Königshauses", gekrönt wird. Obwohl Benin und Deutschland sehr unterschiedlich sind, fühle er sich nicht zwischen den Kulturen zerrissen. „Ich richte meinen Geist darauf, was ich tue und wo ich bin. Wenn ich mit Benin telefoniere, bin ich in dieser Kultur und Tradition. Wenn ich aufgelegt habe, bin ich wieder hier. Ich konzentriere mich auf das, was ich tue. Mehr nicht."

In Deutschland übt der Prinz einen handfesten Beruf aus: „Da sehen Sie meine Autos, meine Werkstatt. Das ist immer mein Job gewesen, um meinen Lebensunterhalt zu sichern. Damit ich unabhängig von allem bin und immer für mich sorgen kann." Seinen ursprünglichen Plan, ein Institut für Verkehrsplanung in Afrika zu gründen, habe er aufgegeben. „Das Leben hat es anders gewollt." Jetzt repariert er Autos und leitet ein Tourismusunternehmen für Westafrikareisen. Man müsse das tun, wovon man etwas verstehe. Und er verstehe eben etwas von Autos.

Auch von Diplomatie versteht der Mann etwas. Seit vielen Jahren ist Bokpe als Diplomat und Exekutivsekretär für die African Diplomatique Academy unterwegs und trifft sich mit Politikern aus vielen Ländern. „Ich bin Afrikaner, und ich setze mich dafür ein, die Verbindung zwischen Deutschland und Westafrika zu verbessern."

Mit seiner Stiftung unterstützt er Kinder und junge Menschen, damit sie Abitur machen können und eine gute Ausbildung bekommen. Bildung sei der Schlüssel zu allem, da ist sich Alain-Maurice Kodjo Dah Bokpe von Allada sicher. „Wir haben einen Auftrag für die Gesellschaft. Das kann nur durch Bildung geschehen. Sonst drehen wir uns nur im Kreis. Der Mensch hat einen Auftrag von Gott." Damit meine er aber keinen personifizierten Gott, sondern eine universelle Kraft. „Die wir nicht begreifen können. Wir können ihr nahe kommen, wir können sie ahnen, in uns empfinden." Unabhängig von der Staatsform müsse Bildung das Wichtigste für die Menschen sein. Bildung ist Macht, dafür braucht man keine Waffe." Dafür arbeitet der Prinz und trifft sich auch im Zeitalter von Internet und Skype regelmäßig in seinem Heimatland mit Kindern und Jugendlichen. „Es gibt genug Einsteins in Afrika, nur sind sie noch nicht entdeckt."

VOLKSPARK MARIENDORF: WAS LANGE WÄHRT, WIRD ENDLICH GRÜN

Da, wo Mariendorf am grünsten ist, da ist der Volkspark. Am Anfang ist es nur ein Tümpel aus der Eiszeit, auf dem man Anfang des 20. Jahrhunderts rudern kann. Das passende Boot gibt es in Blümels Restaurant am Ufer. Dorthin zieht es vor allem die Berliner. Denn man darf bei Blümels auch in aller Öffentlichkeit rauchen. Zur damaligen Zeit keine Selbstverständlichkeit.[29]

Dann kommt der Park. Ein Sport- und Erholungspark soll es werden, plant man 1906. Doch dann fehlt das Geld, es gibt Krieg. Dass der Park 1931 eröffnet werden kann, ist vor allem Friedrich Küter, dem ersten Tempelhofer Bezirksvorsteher zu verdanken. Für ihn ist es allerdings eine seiner letzten Amtshandlungen. 1933 wird er seiner Ämter enthoben, später verhaftet und ins KZ Sachsenhausen gebracht. Im April 1945 kommt er auf dem Transport ins KZ Bergen-Belsen oder im Lager selbst ums Leben. Ein Gedenkstein am Eckernpfuhl erinnert an Friedrich Küter.

VERGNÜGEN AUF DEM RODELBERG

Ein großer Spaß ist die 350 Meter lange Rodelbahn. Sie entsteht schon Ende der 1920er-Jahre und besteht aus Hausmüll und dem Ausbau von Straßen- und U-Bahnbau. Später kommt noch Schlamm aus dem Teich hinzu, bis der Hang eine Höhe von 60 Metern erreicht. Die gestalterische Idee dahinter ähnelt einem der Entwürfe der Neuzeit für das Tempelhofer Feld: Man will ein deutsches Mittelgebirge nachahmen. Nach dem Krieg werden noch ein paar Meter Trümmer aufgeschüttet. Heute ist der Rodelberg mit 70 Metern der drittgrößte Hügel in Tempelhof. Liegt kein Schnee, wird die Strecke auch gerne von Profijoggern und Gelegenheitsläufern genutzt. Oben angekommen, hat man einen guten Überblick über das, was man geleistet hat – und über Mariendorf.

Blümelteich im Volkspark Mariendorf

Wer Joggen nicht mag, geht am besten spazieren. Denn die verschlungene grüne Oase bietet auf 13 Hektar eine Menge: Freilichtbühne und Stadion, Hockeyplätze und Liegewiesen, einen Rosengarten und neben dem Blümelteich noch drei weitere, weitgehend naturbelassene Tümpel.

MARIENDORF ROCKT: LIVE, UMSONST UND DRAUSSEN

Einmal im Jahr geht im Mariendorfer Volkspark die musikalische Post ab. Drei Tage dauert der Rocktreff, das größte Amateurbandfestival Berlins. Um die 10.000 Besucherinnen und Besucher kommen jedes Jahr zu dem nicht-kommerziellen Open-Air-Konzert. Das wird seit 1984 von der Rock-Ini Tempelhof, dem CPYE e.V. und dem Jugendamt von Tempelhof-Schöneberg organisiert.

Manche der Bands, die vor allem aus Berlin und Brandenburg kommen, stehen zum ersten Mal auf einer großen Bühne und spielen vor tausenden von Leuten. Andere sind seit Jahren dabei und rocken, was das Zeug hält; den Genres sind keine Grenzen gesetzt. Alle Künstlerinnen und Künstler verzichten auf ihre Gage, viele Ehrenamtliche sorgen für professionelle Organisation und Technik. Das Publikum weiß es zu schätzen, ebenso wie die coole Umgebung mitten im Grünen.

Parallel zum Rocktreff geht das Spielfest an den Start: mit Bungee-Trampolin und Aquabällen, Handballturnier und Hüpfburg, Judo und Kickboxen. Mehr als 20 Vereine, Initiativen und Organisationen des Bezirks beteiligen sich an dem bunten Familienfest, das 2014 fast 3.000 Besucherinnen und Besucher hatte.

SCHLUSS MIT LUSTIG

Fast 30 Jahre lang verwandelt sich der Volkspark um Himmelfahrt für ein paar Tage in einen Kulturlustgarten. Das lange Wochenende ist bei allen Berlinern beliebt, selbst aus Reinickendorf und Marzahn kommen sie in den Süden, um auf einer der vielen Bühnen Musik zu hören und bei Bier und Bulette den lieben Gott einen guten Mann sein zu lassen. Doch 2014 beschließt das Bezirksamt, das traditionsreiche Fest auf die Trabrennbahn zu verlegen – und versetzt dem Event damit den Todesstoß. Zu teuer sei die Veranstaltung geworden, die Sicherheitsanforderungen zu hoch und überhaupt wolle man nach moderneren Formaten suchen. Seit 2015 ist der Internationale Kulturlustgarten in Mariendorf Geschichte.

FUSSBALL, HOCKEY UND KUNST

Die Mariendorfer Sportler lieben ihr Stadion im östlichen Volkspark. Es hat eine überdachte Tribüne und ist mit 10.000 Plätzen das siebtgrößte Stadion Berlins. Hier tragen der Mariendorfer SV und der TSV Helgoland ihre Heimspiele aus. Auf dem angrenzenden Kunstrasenplatz schlägt der Mariendorfer Hockey-Club 1931 e.V. seine Bälle übers Feld. Ziemlich erfolgreich, denn die erste Damenmannschaft des Vereins ist im Februar 2015 in die 1. Liga aufgestiegen.

Wer wissen will, was die Stunde geschlagen hat, spaziert an der Sonnenuhr im Staudengarten vorbei. In welchem anderen Park gibt es so künstlerische Skulpturen wie im Volkspark? An der Ecke Sumpfgarten/Lindenplatz steht der Kinderbrunnen von Waldemar

Schönwetterzeit: Sonnenuhr im Volkspark Mariendorf

Berger, im Staudengarten vergnügen sich der *Knabe mit dem Ziegenbock*, das *Mädchen mit Schaf*, das *Mädchen mit Reh* und der *Okarina spielende Knabe mit Hund*. Bei Kindern sehr beliebt ist die meterhohe Muschelkalkplastik in Gestalt eines Bären, die auf dem Spielplatz an der Prühßstraße steht. An den Eingängen faszinieren Bronze- und Edelstahlskulpturen internationaler Künstler.

Zurück zum Blümelteich. Gerudert wird heute dort nicht mehr. Boote spielen dennoch eine Rolle. Denn schon 1938 wird ein Teil des Gewässers „als erste Berliner Strecke für Modellsegelboote freigegeben."[30] Das macht den Bootslenkern großen Spaß, doch die Anwohner ärgern sich über die knatternden und stinkenden Bötchen. 1974 verbietet das Bezirksamt das Vergnügen mit Benzinmotoren. Dass sich die Freizeitkapitäne auch heute noch hier treffen und ihre Schiffchen übers Wasser tuckern lassen können, liegt an der Umrüstung auf moderne Technologien, sprich Elektromotoren. Das freut die Zuschauer und mit den Nachbarn klappt es auch.

SOMMER IN BERLIN

Es riecht nach Pommes, Eis, Sonnencreme und Chlor. Der Lärmpegel liegt gefühlt bei mindestens 120 Dezibel. Vom Sprungbrett klatscht eine Arschbombe unter lautem Gejohle ins Wasser. Irgendwer trampelt übers Handtuch.

Kleine (Halb)Nackedeis freunden sich im Planschbecken mit dem nassen Element an, die Größeren jagen sich durchs Nichtschwimmerbad. Wer als 13-, 14-, 15-Jähriger etwas auf sich hält, hofft darauf, dass der Sprungturm geöffnet ist und posiert dann gerne mal auf dem Dreier. Der Kreischfaktor ist extrem hoch, nicht nur bei den weiblichen Teenagern. Im Schatten auf der großen Wiese liegen Vati, Mutti und Co. mit Kühltaschen voller Stullen, Bier und Limo. Auf den steinernen Sitzen im Beckenbereich zeigen Single-Mittvierziger Body und Badehose. In den Morgenstunden oder kurz vor Feierabend kommen die Profis, kraulen auf den 50-Meter-Bahnen in stetig gleichem Rhythmus, ohne sich aus dem Takt bringen zu lassen. Und über allen thront der braungebrannte muskulöse Bademeister in seinem Hochstuhl und hat seine schwimmenden Schäfchen voll im Blick. Große Ferien im Freibad.

Von denen hat Mariendorf gleich zwei – und es sind die einzigen in ganz Tempelhof: das Sommerbad, das zum Volkspark gehört, an der Rixdorfer Straße, und das Kombibad am Ankogelweg, von den Einheimischen einfach „Ankogel" genannt. Kombibad deswegen, weil es aus Frei- und Hallenbad besteht. Die Ausstattung der Bäder ist ähnlich: 50-Meter-Bahnen, Ein- und Drei-Meter-Sprunganlage, Wasserrutsche, Planschbecken, Kinderspielplatz, Buddelkiste, Trampolin, Tischtennis, Volleyball- und Basketballfeld. Das Hallenbad (im Sommer nur für Schulen, Vereine und Kurse geöffnet) lockt mit 27 Grad Wassertemperatur, zwei Trockensaunen und Massagebereich. Mit 5,50 Euro pro Person (ermäßigt 3,50 Euro) ist Schwimmen in Berlin inzwischen leider ein teures Freizeitvergnügen geworden.

SCHWIMMER, ADLER, MÜHLEN

In der Halle des Ankogelbads zieht auch der Schwimmverein *Friesen 1895* seine Bahnen. Nein, der Name hat nichts dem Volksstamm an der Nordsee zu tun. Karl-Friedrich Friesen, Mitbegründer der deutschen Turnkunst, Pädagoge und Freiheitskämpfer, ist das Vorbild. 2015 feiert der Verein, der in seinen Anfangsjahren Treptower Schwimmverein hieß, sein 120-jähriges Jubiläum. Das Angebot reicht von der Wassergewöhnung für Kleinkinder über Schwimmunterricht für Kinder bis zu Wettkampfschwimmen, Kunstspringen und Triathlon.

Wahrscheinlich hat kein anderer Verein ein so einmaliges Zuhause: die Adlermühle. Die steht, ganz still und stumm, zwischen Buchsteinweg und Säntisstraße. Von Hause aus ist sie eine achteckige Galeriehol-

Adlermühle, Vereinsheim des Schwimmvereins Friesen 1895 e.V.

ländermühle. Das heißt, die Mühle ist so hoch, dass man die Flügel vom Boden aus nicht mehr erreichen kann. Deswegen baute man eine umlaufende Galerie um den Mühlenturm. Sie ist eine der wenigen noch erhaltenen Mühlen in Berlin. Gebaut wird sie 1759 vor dem Köpenicker Tor. Doch weil man dort mehr Platz für Wohnungen braucht, versetzt man die Adlermühle von Kreuzberg nach Mariendorf, wo sie bis 1931 mit Windkraft, später mit Strom betrieben wird. Als der Müller 1959 auszieht, verwahrlost das Gebäude.

Jetzt kommen die Friesen ins Spiel. Im Januar 1968 finden sie „ein verwuchertes, von unzähligem Schutt übersätes Gelände, einen Torso, der einmal eine Windmühle war, mit stark zerstörtem Dach und Mauerwerk, aus dem Sträucher wuchsen, die Fenster vernagelt, kein Wasser, kein Strom, keine sanitären Einrichtungen."[31] Jugendliche und Erwachsene packen kräftig an, entrümpeln das Innere, entsorgen den Schutt und bringen die Mühle wieder auf Vordermann. Viel ist zu tun, auch mit der Bürokratie. Aber sie schaffen es. Heute ist die Mühle, die die größte Windmühle der Mark Brandenburg gewesen sein soll, ein großartiger Ort für den Verein und seine Besucher.

Man muss kein Schwimmer sein, um sich hier wohlzufühlen, denn die Adlermühle beheimatet auch ein Restaurant mit kroatischer und internationaler Küche, und manchmal gibt es hier auch Konzerte.

SEEBAD MARIENDORF

Ende des 19. Jahrhunderts gibt es zwischen Mariendorfer Damm und Rathausstraße viele Tümpel und Teiche. Adolf Lewissohn, dem ein Teil des Geländes gehört, lässt Wiesen und Gewässer ausbaggern, Schwimmbecken, Sprungturm und Umkleidekabinen bauen und eröffnet 1876 an der Ullsteinstraße das Seebad Mariendorf, in dem das Wasser sogar während des Betriebs über eine elektrische Pumpe ausgetauscht werden kann. Die Anlage ist so modern ausgestattet, dass hier im Juni 1912 die Ausscheidungswettkämpfe für die Olympischen Spiele in Stockholm stattfinden. In den Teichen der Parkanlagen sind Goldfische, Karpfen und Enten zu Hause, die Grotte nebenan wird zum Wahrzeichen der schmucken Badeanstalt.

Kein Wunder, dass das Mariendorfer Seebad damals als das größte und schönste von Groß-Berlin gilt. Und es ist gut besucht: Bis zu 4.000 Badegäste werden in den 1920er-Jahren gezählt.

Doch schon im folgenden Jahrzehnt ist es vorbei mit den Wasserspielen. Das Seebad der Familie Lewissohn wird arisiert, die Tochter des Gründers, Helene, muss „verkaufen". 1947 wird das Bad geschlossen und, nach einem kurzen Sommer der Wiedereröffnung, 1953 endgültig abgerissen. Auf dem Areal, Ullsteinstraße 159, werden ein Seniorenzentrum und Krankenheim gebaut. Dort sind heute noch die Überreste der Seebadgrotte und ein Zierteich zu sehen.[32]

VOM BRANNTWEIN ZUM EIGENHEIM

An der Ullsteinstraße östlich des Mariendorfer Damms beginnt eine der schönsten Wohngegenden im Bezirk – die denkmalgeschützte Monopolsiedlung. Bauherr der knapp 100 Jahre alten Einfamilienhäuser und Doppelhaushälften ist die Beamten-Baugesellschaft der Reichsmonopolverwaltung, finanziert wird das Ganze vom Reichsfinanzministerium. Das ist für das Monopol des Branntweins zuständig – und braucht Wohnraum für seine Beamten und Angestellten. Wie in der Neu-Tempelhofer-Wohnsiedlung steht auch in Mariendorf zu Beginn des 20. Jahrhunderts die Gartenstadtidee

Unter Denkmalschutz:
Monopolsiedlung

ganz hoch im architektonischen Kurs: Entlang der Straße werden die Doppelhäuser angeordnet und durch niedrige Zwischenbauten, in denen die Küchen untergebracht sind, miteinander verbunden. Um einen Platz in der Mitte der Straßen, ähnlich wie ein Dorfplatz, sind die Einfamilienhäuser gruppiert. Durch die einheitliche Dach-, Fenster- und Farbgestaltung entsteht ein harmonisches, aber lockeres Ganzes, dessen Charme bis heute besticht. Jedes Haus hat einen Ziergarten nach vorne, hinterm Haus gibt es eine Wiese und einen Nutzgarten. Und damit das Ganze nicht so langweilig wirkt, werden die Doppelhäuser teilweise gedreht. So steht das eine Haus mit der Giebelseite zur Straße, das andere mit der Längsseite. Das gibt dem Ganzen eine besondere Note. Kein Wunder, dass die Häuser hier inzwischen begehrt und fast unbezahlbar sind.

IM OSTEN WAS NEUES

Es ist das größte Wohnungsbauvorhaben in West-Berlin seit dem Zweiten Weltkrieg. In nur zwei Jahren sollen zwischen Rixdorfer Straße und Britzer Straße in Mariendorf-Ost Wohnungen für 7.000 Menschen entstehen. Außerdem will die Bauherrin GEHAG (Gemeinnützige Heimstätten-Aktiengesellschaft) die Siedlung als architektonisches Meisterwerk bei der Internationalen Bauausstellung 1957 präsentieren.

Geplant sind drei Siedlungsteile mit sogenannten Nachbarschaften, „geschlossene Einheiten mit eigenen Versorgungseinrichtungen, Geschäften und Schulen." Dreistöckige Zeilenbauten, also lange, schmale Mietshäuser werden quer zur Straße gebaut, flankiert von kleinen Einfamilienhäusern und einem Apartmenthochhaus am Ende der Rixdorfer Straße. „Nach amerikanischem Vorbild erhielten die Einfamilienhäuser ein flaches Dach mit einem auffälligen Dachüberstand, der Schatten spenden soll. Alle Zimmer sind nach Süden orientiert, zum Garten, der in den Wohnbereich integriert ist."[33] Den Auftrag erhält der Bauhausschüler Wils Ebert, der die „Wohnzellen" nach dem Scharoun-Plan von 1946 konzipiert.

Die unterschiedlichen Bautypen sollen eine gute soziale Mischung ermöglichen. Der zentrale Bereich der Siedlung befindet sich zwischen Dardanellen- und Imbrosweg. Auch bei den Zeilen-

Farbtupfer in Mariendorf-Ost:
Häuser an der Rixdorfer Straße

bauten zwischen Dardanellenweg und Rixdorfer Straße greift das Farbkonzept, das schon im ersten Siedlungsteil angewendet wurde: rote, gelbe und blaue Wohnungstüren, farbige Loggienwände und weiße Balkonbrüstungen. Schule, Kindergarten und Einkaufszentrum werden östlich der Grünfläche gebaut. Bis heute hat sich die Siedlung Marienfelde-Ost, die größtenteils denkmalgeschützt ist, viel vom Ambiente der 1950er-Jahre erhalten.

ABER BITTE MIT SAHNE

Auf die Idee, dass sich im Hochhaus am Ende der Straße ein bezauberndes Café verbirgt, kommt man nicht sofort. Fällt einem doch zuerst der Verkehr auf, der hier Richtung Lankwitz und Neukölln tost. Und doch genau hier, im Erdgeschoss, lädt das Parkcafé seit neun Jahren zum Verweilen ein.

Draußen stehen bei warmen Temperaturen zwölf Tische, mit Blick auf Wiese und Blumenbeete. Vom Caféinhaber selbst gepflanzt und gepflegt. Stefan Urmersbach, ein charmanter Mittfünfziger, hat sich mit dem Café einen alten Traum erfüllt – und das merkt man: Die Atmosphäre ist herzlich und familiär. Man kennt sich, und man mag sich.

Die drei Frauen hinterm Tresen, Berlinerinnen bis in die Fingerspitzen und mit einer gehörigen Portion Witz ausgestattet, begrüßen

Stefan Urmersbach und die Mitarbeiterinnen des Park-Cafés

jeden Gast freundlichst und mit einem breiten Lächeln. Stammkunden, auch wenn sie nur einen Coffee to go wollen, kriegen ein Kompliment zum „juten Aussehen" umsonst mit auf den Weg. Und wer noch nicht so genau weiß, was er will, wie die beiden alten Damen, die gerade hereingekommen sind, bekommt das aktuelle Tortenangebot aufgezählt: „Herrentorte mit Himbeerfüllung, Lübeckertorte mit Marzipan, Schwedentorte mit Vanille, Apfelstrudel, Blechkuchen, Käse mit Mohn, Orangenweincremetorte." Die Antwort: „Ick nehm allet. Und jenau in der Reihenfolge. Mit'm Pott Kaffe." Mit Betonung auf der ersten Silbe und ohne zweites „e" am Ende – typisch Berlin ebent. Die Lacher sind auf ihrer Seite.

Neben Kaffee und Torten gibt es deutsche Küche, Eis und Bier. Was man unbedingt probiert haben sollte, sind die Trinkschokoladen: Sie sind die pure Wonne, dunkel, dick und sämig. Und davon gibt es eine Menge: vom einfachen Kakao, mit und ohne Nüsse und Gewürze, über weiße Schokoladen bis hin zu edelherben und italienischen Sorten, die sich fast wie Pudding schlürfen lassen. Urmersbach und sein Team kümmern sich. Nicht nur um das Publikum vor Ort, sondern auch über den eigenen Tellerrand hinaus. Zwei Patenschaften für Mädchen in Kenia und Äthiopien hat das Café übernommen und spendet von jeder verkauften Trinkschokolade einen Teil nach Afrika.

Haben Sie schon mal etwas von suspended coffee, vom aufgeschobenen Kaffee gehört? Das Prinzip ist einfach: Wer es sich leisten kann, kauft einen Kaffee und zahlt zwei. Den zweiten Kaffee bekommt der umsonst, der ihn sich nicht leisten kann. Ob die Bewegung in den 1940er-Jahren wirklich in Neapel entstanden ist, ist heute nicht mehr wichtig. Wichtig ist nur, dass immer mehr

Menschen mitmachen – und das Parkcafé ist Teil dieser Bewegung. Auch beim weltweiten Projekt „Bookcrossing" ist das Café vertreten. Dabei geht es ebenfalls um Geben und Nehmen – nur eben von Büchern. Die stehen im Bücherregal im Raucherraum, sind auf der Projektseite registriert und so Teil einer weltweiten Bibliothek, die alle Besucherinnen und Besucher nutzen können.

Und dann gibt es noch die vielen Fotografien, die in den drei Gasträumen zu sehen sind. Stefan Urmersbach, der in einem früheren Leben Bankkaufmann und Inhaber einer Gerüstbaufirma war, hat sie von seinen vielen Reisen mitgebracht. Und so wird das kleine Café im Erdgeschoss des Hochhauses am Ende der Straße zu einem Ort der Begegnung und Kontemplation.

SIX FEET UNDER IN MARIENDORF

Dass der Tod zum Leben gehört, wissen wir. Trotzdem beschäftigen wir uns nicht gern mit dem Lebensende. Editha Hahn ist mit dem Tod groß geworden, denn ihr Vater war Bestattungsunternehmer. So wie ihr Großvater. Ihr Urgroßvater. Ihr Ururgroßvater. Seit 1997 leitet Editha Hahn selbst Berlins ältestes Bestattungsunternehmen in Familienhand. An ihrer Seite Sohn Robert.

Begonnen hat alles am 29. September 1851. Damals gründet Friedrich Hahn in der Neuen Straße in Tempelhof eine Tischlerei und stellt dort auch Särge her. 1880 eröffnet sein Sohn Theodor ein kleines Sargmagazin am Tempelhofer Damm 157. Sein Nachfolger wird 1922 Sohn Willi. Als er in den Krieg muss, führt seine Frau Gertrud das Unternehmen weiter und sorgt auch für den Wiederaufbau des Hauses am Tempelhofer Damm, das 1944 zerbombt wird. Sohn Hans-Joachim, der das Bestattungsunternehmen in den 1950er-Jahren übernimmt, baut es nach modernen Gesichtspunkten um und eröffnet weitere Filialen. Editha Hahn, die schon nach dem Studium im elterlichen Unternehmen mitgearbeitet hat, wird 1997, nach ihrer erfolgreichen Prüfung zur Bestatterin, Geschäftsführerin der Firma Hahn-Bestattungen.

15 Friedhöfe gibt es im alten Bezirk Tempelhof, sieben davon in Mariendorf. Ende des 19., Anfang des 20. Jahrhunderts, als die Städte wuchsen und der Platz weniger wurde, da habe man die Friedhöfe

vor die Stadttore ausgelagert, erzählt Robert Hahn, der seit 2012 als sechste Generation die Bestattungstradition im Unternehmen aufrecht erhält.

Der Heilig-Kreuz-Friedhof zum Beispiel wird heute noch von der gleichnamigen Kirche in Kreuzberg verwaltet. 1890 wird das 87.000 Quadratmeter große Areal an der Eisenacher Straße angelegt. Sehr beeindruckend ist das dreigeteilte Portal aus roten Klinkern, in das ein blaugoldenes Mosaik mit Kreuz und Christusmonogramm eingelassen ist. Durch die vielen Bäume und großen Wiesenflächen wirkt der Friedhof wie ein großer Park, zu dem auch der griechisch-orthodoxe Friedhof *Die Auferstehung* gehört, der von Hans-Joachim Hahn mitinitiiert wurde.

Im Osten geht der Heilig-Kreuz-Friedhof nahtlos in den nur halb so großen Dreifaltigkeitsfriedhof über, 1897 von der gleichnamigen Gemeinde in Berlin-Mitte gegründet. Neben den mehr als 100 Jahre alten Familiengrabstätten mit Marmortafeln und großen Grabsteinen erinnern am rückwärtigen Ende flache Gedenksteine an die Opfer des Nationalsozialismus.

Auch Ulrike Meinhof ist hier begraben. Friedlich und gepflegt sieht das Grab der RAF-Terroristin aus. Die Besucherin denkt an die bleierne Zeit der 1970er-Jahre, an die Toten und ihre noch lebenden Angehörigen.

Heilig-Kreuz-Friedhof an der Eisenacher Straße

Seine letzte Ruhe hat auch Cemal Altun auf dem Dreifaltigkeitsfriedhof gefunden. Der junge Mann flüchtet 1980, aus Angst vor dem türkischen Militärregime, aus seiner Heimat. Damals werden dort immer mehr Menschen, die wie er politisch aktiv sind, verhaftet, gefoltert und ermordet. In West-Berlin, wo seine Schwester lebt, bittet Altun um politisches Asyl. Sein Antrag wird abgelehnt, der junge Türke wird verhaftet und soll abgeschoben werden. Nach einer Beschwerde der Europäischen Kommission für Menschenrechte wird die Abschiebung zwar verschoben, doch Altun bleibt weiterhin in Haft. Im August 1983 will das Oberlandesgericht Berlin entscheiden, ob er an die türkische Militärregierung ausgeliefert wird. Am zweiten Verhandlungstag sieht Altun keine Zukunft mehr für sich und stürzt sich aus dem 6. Stock des Gerichtsgebäudes in den Tod. Sechs Monate später wird ihm das Recht auf Asyl zugesprochen. 2015 wäre Cemal Altun 55 Jahre alt geworden.[34]

FEMINISMUS UND WIDERSTAND

Direkt gegenüber der Dorfkirche gibt es seit 1890 den evangelischen Friedhof Mariendorf II. Besonders beeindruckend ist die Kapelle, die wie einige andere Gebäude im Bezirk der norddeutschen Backsteingotik nachempfunden ist. Hier liegen auch die Gräber von Gerda und Wolfgang Szepansky. Beide sind Zeit ihres Lebens politisch aktiv. Beide sind Lehrer, bis sie wegen „aktiver Betätigung im Sinne der SED" 1951 mit Berufsverbot belegt werden. Beide bekommen 1996 das Bundesverdienstkreuz für ihre Arbeit als Zeitzeugen. Wolfgang Szepansky wird wegen „politischer Schmierereien" 1933 verhaftet und kommt für ein Jahr ins berüchtigte Columbia-Haus, das Konzentrationslager in Tempelhof. Nach Kriegsbeginn flüchtet er in die Niederlande, wird von dort an Nazideutschland ausgeliefert und bis April 1945 im KZ Sachsenhausen gefangen gehalten. Zwei Monate später gründet er den Antifaschistischen Jugendausschuss von Tempelhof, wird erst Schulhelfer, dann Zeichenlehrer im Bezirk. Er ist Mitglied der Sozialistischen Einheitspartei West-Berlins (SEW) und wird 1951 verhaftet und aus dem Schuldienst entlassen, weil er politische Flugblätter verteilt hat. Doch Szepansky lässt sich nicht unterkriegen, er arbeitet in antifaschistischen Organisationen und bietet Führungen durch das ehemalige KZ Sachsenhausen an. Mehr als 40.000 Jugendliche nehmen daran teil, und auch seine antifaschistischen Stadtrundfahrten durch Tempelhof stoßen auf große Zustimmung. Wolfgang und die 15 Jahre jüngere Gerda lernen sich auf einer Versammlung antifaschistischer Lehrer kennen und lieben. In den 1980er-Jahren, da sind die vier Kinder der beiden schon groß, hat Gerda endlich Zeit zu schreiben. Ihre Bücher über Frauen im Nationalsozialismus, Frauen der 68er-Bewegung, Frauen in der DDR sind in ganz Deutschland bekannt – und Gerda bekommt den liebevollen Spitznamen „Simone de Beauvoir von Mariendorf." Die Autorin stirbt 2004 im Alter von 78 Jahren, ihr Mann vier Jahre später mit 97 Jahren. An der Schultheißbrauerei in der Kreuzberger Methfesselstraße, dort, wo Szepansky 1933 zum Kampf gegen Hitler aufrief, erinnert heute eine Gedenktafel an den Widerstandskämpfer aus Tempelhof.

DER TOD GEHÖRT ZUM LEBEN

Rund 1.900 Menschen werden in Tempelhof jährlich zu Grabe getragen, rund ein Prozent der Bevölkerung. Die deutsche Bestattungspflicht verbietet es, die Asche von Verstorbenen mit nach Hause zu nehmen. Doch für Editha Hahn gibt es einen viel wichtigeren Grund für Bestattungen auf dem Friedhof. „Um die Toten trauern doch mehr als nur die enge Familie, und denen muss man auch einen Ort dafür geben. Stellen Sie sich doch mal vor, Sie müssten erst bei der Familie klingeln und fragen, ob sie an der Urne trauern dürfen. Da darf man nicht so egoistisch sein." Auch für einen selbst sei es besser, einen anderen Trauerort zu haben. „Man gesundet nur, wenn man den Abstand hat. Aber wie soll das gehen, wenn die Asche immer so nah ist?"

Friedhöfe seien doch auch sehr soziale Orte: „Die älteren Damen lernen sich auf der Parkbank kennen und treffen sich dort regelmäßig. Oder denken Sie an die alten Witwer, die die Gräber ihrer Frauen besuchen und anschließend gemeinsam ein Bier trinken gehen."

MAN KANN JA NICHT DEN GANZEN TAG TRAUER TRAGEN

Wenn Editha und Robert Hahn über ihre Arbeit reden, tun sie das sehr leidenschaftlich. Der Beruf des Bestatters ist für keinen von beiden der Traumberuf, doch beide bereuen die Entscheidung bis heute nicht. Editha Hahn hat Romanistik und Geografie auf Lehramt studiert. Robert macht erst eine kaufmännische Ausbildung in München und studiert anschließend Jura. Für ihn ist es vor allem das Emotionale, was den Beruf ausmacht. „Natürlich gibt es viele traurige Momente, aber es gibt auch wahnsinnig viele schöne und positive, lustige Momente. Spätestens dann, wenn sich die Angehörigen mit uns unterhalten und sich die erste Trauer löst. Wenn man anfängt, Geschichten von den Verstorbenen zu erzählen und dabei lachen kann."

Humor sei unabdingbar für den Beruf des Bestatters, sagt seine Mutter. Schon bei den Einstellungsgesprächen spiele es eine Rolle, ob jemand lachen kann. „Wenn jemand so verkniffen ist, das klappt nicht. Wenn man keinen Humor hat, dann hat man auch kein Herz. Und wenn man kein Herz hat, dann kann man hier nicht arbeiten."

Editha Hahn hat ein großes Herz: für die Angehörigen der Verstorbenen, für ihre Angestellten und für ihren Sohn. Die 64-Jährige ist so lebendig, enthusiastisch und engagiert, dass dem 36-jährigen Robert der ruhigere Part bleibt. Die beiden sind ein gut eingespieltes Team, das miteinander, mit Kunden und Angestellten liebevoll und herzlich umgeht – und zugleich herrlich miteinander frotzelt.

Editha Hahn ist die einzige Frau in Deutschland, die ein Bestattungsunternehmen in dieser Größe führt - mit der entsprechenden Verantwortung für die 40 Mitarbeiterinnen und Mitarbeiter. Täglich nehmen sie und ihr Sohn an zwei bis drei Trauerfeiern teil und sind

Mutter und Sohn:
Editha und Robert Hahn

rund um die Uhr erreichbar, denn der Tod hält sich nicht an die Geschäftszeiten.

Zeit für andere Dinge nehmen sie sich, wann immer es geht. Editha Hahn ist schon seit vielen Jahren passionierte Fotografin. 2013 ruft sie einen Fotowettbewerb ins Leben - für ein Bestattungsunternehmen ein ungewöhnlicher Vorschlag. Auf den ersten Blick vielleicht, doch vor allem sei es eine ideale Möglichkeit, ohne Anlass Kontakt zum Bestatter, in diesem Fall zur Bestatterin, zu bekommen. Die Resonanz ist groß, und die Preisträgerinnen und Preisträger haben gar keine Scheu, sich über die Auszeichnung von Hahn-Bestattungen zu freuen.

Robert Hahn hat mit Fotografie nichts zu tun; der erste Bestattungsmeister von Hahn-Bestattungen ist vor allem in der Verbandsarbeit eingebunden, nimmt Prüfungen ab und unterrichtet in den Meisterkursen. Und er ist – wie seine Mutter – ein Meister des Netzwerkens. Zum Beispiel im *Unternehmensnetzwerk Großbeerenstraße.* Es wird 2005 von 18 Firmeninhabern und Geschäftsführern gegründet, um wieder mehr Leben in Berlins zweitgrößtes Gewerbegebiet zu bringen. Schnell macht sich das Netzwerk mit Projekten, vor allem im Ausbildungsbereich, und mit sozialem Engagement einen Namen. Im September 2014 wird es für seine gesellschaftlich vorbildliche Haltung mit der Franz-von-Mendelssohn-Medaille der Industrie- und Handelskammer und der Handwerkskammer ausgezeichnet. Im November gibt es für das Netzwerksmitglied Ruksaldruck GmbH & Co KG den Green Buddy Award, den Wirtschaftspreis des Bezirksamts Tempelhof-Schöneberg. Und der dritte Preis folgt sogleich: Im Dezember 2014 wird die Netzwerk-Initiative „Netzwerk mit Courage: Gegen Fremdenfeindlichkeit und Diskriminierung!" aus 2.600 Bewerbungen ausgewählt und erhält in der Kategorie „Engagierte Unternehmer" den Deutschen Bürgerpreis.

Und auch in der Unternehmerinitiative Tempelhofer Damm ist Hahn engagiert, aber das ist eine andere (Bezirks)geschichte.

GASWERK MARIENDORF: VON DER KOHLE ZUM SOLARSTROM

Im Norden des Gewerbegebiets, zwischen Eisenbahn und Kanal, liegt das alte Gaswerk der Stadt. Betritt man das ehemalige GASAG-Gelände von der Ringstraße aus, passiert man erst ein verlassenes Pförtnerhäuschen und kommt dann auf eine schnurgerade, leicht ansteigende, asphaltierte Straße. Ohne Markierungen, ohne Gehwege, ohne Ampel. Zur Linken eine verwilderte Grünfläche mit Blumen, Sträuchern und Bäumen, deren Blätter vor allem im Herbst ein grandioses Farbspektakel bieten. Auf der anderen Seite: ein großer, grauer und fensterloser Kasten. Wie vom Himmel gefallen steht er dort, mitten auf einem riesigen Parkplatz. Hier, am Logistikzentrum der Kaiser's-Tengelmann-Gruppe, fahren in den frühen Morgenstunden unzählige Lkw vor, um die Waren des Lebensmittelhändlers in der ganzen Stadt zu verteilen.

Wer jetzt weiter geradeaus geht, kommt in wenigen Minuten zur Lankwitzer Straße. Wer aber vorher vom Wege abkommt und nach rechts in die kleine kopfsteingepflasterte Straße einbiegt, taucht in eine andere Welt ein.

Wir schreiben das Jahr 1826. Gerade hat das britische Unternehmen Imperial Continental Gas Association (ICGA) in Berlin und den südlichen Gemeinden die Gasbeleuchtung eingeführt. Immer mehr Menschen nutzen Gas als Energiequelle. Die Kapazitäten reichen bald nicht mehr aus, ein neues Gaswerk muss her. Gebaut wird es 1901 in Mariendorf, das an der Berlin-Dresdener Eisenbahn liegt. So wird der Transport von Kohle zur Gasgewinnung einfacher. Nach nur zwei Jahren Bauzeit wird auf dem fast 800.000 Quadratmeter großen Areal Ringstraße und Lankwitzer Straße das damals größte und modernste Gaswerk in Berlin eingeweiht. Fünf Jahre später

wird es mit dem neu gebauten Teltowkanal verbunden und erhält einen eigenen Hafen. Auch wenn die Produktion schon Anfang der 1960er-Jahre auf Leichtbenzin und Methanol umgestellt worden ist, wird noch bis 1980 Gas aus Kohle produziert. Erst mit dem Wechsel von Stadt- auf Erdgas ein Jahrzehnt später hat das Werk in Mariendorf seine Schuldigkeit getan und wird 1996 stillgelegt.

Bis heute erhalten sind der Wasserturm, das Apparatehaus, Regler- und Messgebäude, alle im typischen norddeutschen Backsteingotikstil erbaut. Auch der Teleskop-Niederdruck-Gasbehälter steht noch auf dem Gelände. Er wird 1891 in Wien gebaut und gilt damals mit einem Volumen von 108.000 Kubikmetern als größter Gasspeicher Europas.

In den Backsteinhallen um den alten Lokschuppen hat sich ein besonderer Mikrokosmos gebildet. Vor den geöffneten Hallentoren wartet ein Austin Sunbeam darauf, restauriert zu werden. Nebenan wird ein alter BMW wieder auf Hochglanz gebracht, am roten Jaguar E-Type wird geschweißt. Zahlreiche Kfz-Werkstätten gibt es hier, nicht nur für Oldtimer. Wer ein Faible für ältere Busse hat, schlendert rüber zum Parkplatz hinter dem alten Wasserturm. Trotz aller Schrauberei ist es auf dem Gelände sehr ruhig. Das könnte sich bald ändern. Denn das amerikanische Unternehmen Stone Brewing Co.

hat angekündigt, in der ehemaligen Reinigungshalle eine Brauerei mit Restaurant zu eröffnen.

Bis dahin bleibt die Photovoltaikanlage das Vorzeigeobjekt auf dem Gelände. Das Gemeinschaftsprojekt von GASAG und der Firma Solon SE, 2011 zwischen Eisenbahn und Logistikzentrum angelegt, ist das größte Solarkraftwerk der Stadt.

AUF GUTE NACHBARSCHAFT

Mit Kino und Theater kann Mariendorf leider nicht aufwarten, doch es gibt einige Orte, an denen etwas los ist. Zum Beispiel Einrichtungen für Kinder und Jugendliche. Seit 55 Jahren ist das KiJuM für Kinder und Jugendliche da. Hier sind 8- bis 18-Jährige immer willkommen, hier können sie spielen, reden, entspannen. Im Keller der evangelischen Kirchengemeinde werden regelmäßig Parties gefeiert, im Sommer findet das Multikulturenfest statt. Bei den Kinder- und Jugendversammlungen, die das KiJuM mit anderen Jugendeinrichtungen organisiert, geht es um politische Wünsche und Erwartungen der Kids, wie zum Beispiel den Bau eines Spielplatzes in der Ringstraße.

Das KiJuM arbeitet auch mit dem Jugendfreizeithaus Bungalow zusammen. Das befindet sich am Eingang zum Volkspark Mariendorf. Hier können 6- bis 18-Jährige Kicker, Tischtennis, Fußball, Basketball und Billard spielen oder in einer der Sport-, Tanz-, Koch- und Spielegruppen mitmachen. Natürlich gibt es auch Unterstützung bei Hausaufgaben. Auch die mobile Jugendarbeit von Outreach hat hier einen Raum.

An Jung und Alt richtet sich KoKuMa - Kommunikation und Kultur in Mariendorf. Hier wird Theater gespielt, es gibt Lesungen und Ausstellungen. Man kann aber auch einfach nur Kaffee trinken und Zeitung lesen. Der Treffpunkt ist im Johanna-und-Jochen-Klepper-Haus angesiedelt, gleich gegenüber vom Eckener-Gymnasium.

NON SCHOLAE, SED VITAE DISCIMUS

Früh morgens geht es an der Kaiserstraße/Ecke Rathausstraße zu wie auf einem Wimmelbild. Aus allen Richtungen strömen Mädchen und Jungen zu dem Prachtbau mit dem unverkennbaren Belvedere auf dem Dach. Das einzige Gymnasium Mariendorfs ist seit mehr als 100 Jahren eine Institution. Ob 1911 oder 2015: Wer zum ersten Mal herkommt, ist beeindruckt vom großzügigen Foyer, der imponierenden Freitreppe und vor allem von der historischen Aula. Eine Weile brauchen die neuen Schülerinnen und Schüler schon, bis sie sich in den langen Gängen, auf den vielen Treppen, zwischen Klassenräumen und Hörsälen zurechtfinden. Rund 800 Schülerinnen und Schüler beginnen hier wahlweise in der fünften oder siebten Klasse, viele von ihnen mit Latein als zweiter Fremdsprache. Das passt zur Philosophie der Schule, die Tradition und Moderne, Wissen und Werte verknüpfen will. Ganz traditionell ist der Name der Schule, der an den Luftschiffpionier Hugo Eckener erinnert. Ihm gelang 1924 einer der ersten Nonstopflüge mit einem Zeppelin über den Atlantik nach Amerika. Prominente ehemalige Schüler sind der Rapper Bushido und Hans-Jürgen Papier, früherer Präsident des Bundesverfassungsgerichts.

MARIA FRIEDEN UND OTTO DIX

Die Architektur der katholischen Wallfahrtskirche Maria Frieden in der Kaiserstraße sticht hervor. Wie ein Schiffsbug strebt die Spitze des dreieckigen Gottesdienstraums am Glockenturm empor, der wie ein erhobener Zeigefinger in den Himmel ragt und das Kreuz hochhält. Ein ungewöhnliches Kunstwerk zeigt die Kirche im Innenraum: die „Madonna vor Stacheldraht und Trümmern" von Otto Dix. Der wohl bedeutendste deutsche Maler und Grafiker des 20. Jahrhunderts schuf das Andachtsbild 1945 während seiner Gefangenschaft in einem französischen Lager. Nachdem es viele Jahre als verschollen gilt, taucht das Bild 1987 wieder auf und wird vom Berliner Senat gekauft, der es der Kirche als Dauerleihgabe übergibt.[35]

MARTIN-LUTHER-GEDÄCHTNISKIRCHE: EINE (UN)HEILIGE VERBINDUNG

Oft ist sie wegen ihrer Symbole als Nazikirche bezeichnet worden; denn in der Martin-Luther-Gedächtniskirche werden schon beim Bau 1935 die Symbole von Christen und Nationalsozialisten auf engstem Raum verbunden. Kein Wunder, denn der Leiter des

Kirchlichen Bauamts, Curt Steinberg, vertritt damals dieselbe Weltanschauung wie die Machthaber. Und so hängt das Hakenkreuz direkt neben dem Christusmonogramm, die Dornenkrone neben dem Strahlenkranz der Nazis, der Kronleuchter zeigt das Eiserne Kreuz, umrankt von Eichenlaub. „An den Wänden befinden sich lebensgroße Porträt-Halbreliefs der Köpfe des Reichspräsidenten Paul von Hindenburg und des Reformators Martin Luther." Auch die Holzarbeiten der Kanzel, Soldat, SA-Mann und Hitlerjunge, zeugen vom Ungeist der damaligen Zeit – ebenso wie der „deutsche Held", der statt Jesus Christus ans Kreuz genagelt ist. „Die Hakenkreuze und Symbole der NSV [Nationalsozialistische Volkswohlfahrt, Anm. d. Autorin] wurden nach dem Ende der Naziherrschaft entfernt, aber die zugehörigen Reichsadler verblieben an ihren Plätzen."

Nach dem Zweiten Weltkrieg werden 14 Collagen des polnischen Künstlers Pawel Warcholz installiert, die die Stationen des Kreuzweges darstellen, der am Tor eines Konzentrationslagers beginnt und am Verbrennungsofen endet. Bis heute setzt sich die Gemeinde kritisch mit ihrer Vergangenheit auseinander und versteht ihre Kirche als Mahnmal und Denkmal.[36]

ZAHLENSPIELE

Ende 2014 leben in Mariendorf 50.818 Menschen, 500 mehr als im Vorjahr. Und die sind sich mit 5.418 Personen pro Quadratkilometer sehr nah – statistisch gesehen. Innerhalb Tempelhofs ist das die höchste Bevölkerungsdichte, doch verglichen mit Schöneberg (11.087 Einwohner_innen pro qkm) und Friedenau (16.597) haben die Mariendorferinnen und Mariendorfer eine Menge Platz. Auch wenn ihr Ortsteil der zweitkleinste ist. Mit knapp einem Drittel (32,1 Prozent) sind die 18- bis 45-Jährigen die stärkste Bevölkerungsgruppe, gefolgt von den 45- bis 65-Jährigen (28,7 Prozent). Etwa ein Viertel machen die über-65-Jährigen aus. Junge Menschen zwischen 0 und 18 Jahren gibt es in Mariendorf noch weniger als in den anderen Ortsteilen – mit 13,3 Prozent bildet Mariendorf das Schlusslicht in Tempelhof.

Marienfelde
Ein Ort mit vielen Gesichtern

Idylle und Industrie, Provinz und Moderne, Hochhaus und Kleingarten. Überschaubar und oft unterschätzt – Marienfelde ist ein Ort der Gegensätze. Die Schriftstellerin Sigrid Engelbrecht ist erst vor wenigen Jahren hierher gezogen; Max Klunker, angehender Physiker, ist hier aufgewachsen. Sie genießt das dörfliche Ambiente und wünscht sich etwas mehr Kultur; für ihn ist Tempelhofs kleinster Ortsteil eine Siedlung am Stadtrand.

Sigrid Engelbrecht, Autorin

WEGGEHEN UM ANZUKOMMEN

Sigrid Engelbrecht ist fünf Jahre alt, als sie an einem schönen Sommernachmittag im heimischen Fichtelgebirge ihr Bündel schnürt und losmarschiert. Begleitet von ihrem Schäferhund will sie nach Berlin. Natürlich ist die Reise nach ein paar Stunden beendet und die Kleine wieder wohlbehalten zu Hause. Doch die Sehnsucht bleibt.

Nie habe sie die Stadt ihrer Träume aus den Augen verloren, erzählt die heute 60-Jährige. Als Studentin habe sie schon einmal kurze Zeit in der Mauerstadt gelebt, um der Liebe wegen nach Franken zurückzukehren. Viele Jahre hat sie als grüne Stadträtin in Bayreuth gearbeitet, das dortige Frauenhaus mit aufgebaut, eine Beratungsstelle gegen sexuelle Gewalt mit initiiert. Dort hat sie ihre Kinder großgezogen, hat erste Erfolge als Malerin und Autorin gefeiert. Bis sie das Heimweh nach Berlin nicht mehr ignorieren will. 2010, die Kinder stehen längst auf eigenen Beinen, entscheidet sich Sigrid Engelbrecht endgültig für Berlin.

Dass sie nun in Marienfelde zu Hause ist, sei Zufall. „Eigentlich wollte ich nach Schöneberg. Doch als die Vermieterin mir diese Wohnung gezeigt hat, wusste ich: Das ist es. Drei Zimmer mit Garten und die S-Bahn direkt vor der Tür." Und aus dem Zufall wird schnell Zuneigung: „Mein Lieblingsgegend ist Alt-Marienfelde. Das erinnert mich an meine dörfliche Herkunft, ist aber noch etwas charmanter."

Geschrieben hat Sigrid Engelbrecht schon immer. Früher eher nebenbei, seit 2006 hauptberuflich. Bis heute hat sie mehr als 20 Bücher zu Persönlichkeitsentwicklung, Kreativität, Work-Life-Balance und Selbstmanagement verfasst. Viele ihrer Werke wurden in mehrere Sprachen übersetzt – und zu den meisten Themen hält sie Vorträge, gibt Seminare und Workshops in ganz Deutschland.

Doch schreiben ist nur eine Seite ihrer Kreativität. Kaum in Marienfelde angekommen, organisiert Engelbrecht ihre erste Berliner Bilderausstellung. „Natürlich in meinem neuen Kiez." Das war 2011 im Medienhaus an der Marienfelder Allee. Ihre Bilder, meist quadratisch, in Aquarell, Tusche oder auf Acryl, bestechen durch satte Farben, viel Emotionalität und spirituelle Themen.

Die Stadtbücherei, in der das 3D-Medienhaus angesiedelt ist, nutzt die Malerin und Autorin immer wieder gerne zur Recherche. „Doch etwas mehr Kultur wäre schön. Ich würde gerne ein Kulturhaus haben, mit Bücherei, Volkshochschule, Café, Ausstellungsräumen. Hier könnte man sich treffen und in Kontakt kommen. Das würde die Identifikation dieser sehr unterschiedlichen Strukturen in Marienfelde bestimmt stärken."

Gut möglich, dass die Marienfelderin für diesen Plan ihre zahlreichen Kontakte motivieren kann. Sigrid Engelbrecht kommt aus der Frauenbewegung und arbeitet bis heute gerne und intensiv mit Frauen zusammen. Dabei hat ihr auch das Unternehmerinnennetz Tempelhof-Schöneberg geholfen, ein Netzwerk von selbstständigen Frauen und Freiberuflerinnen im Bezirk, die sich regelmäßig zum monatlichen Informations- und Erfahrungsaustausch treffen und sich gegenseitig unterstützen. Sigrid Engelbrecht hat es nie bereut,

Stadtbücherei Marienfelde

in Berlin neu anzufangen und in Marienfelde angekommen zu sein. „Ich bin hier total glücklich."

NEU-MARIENFELDE: DER WILDE WESTEN

Goldgräber gibt es nicht, als Ende des 19. Jahrhunderts die ersten Schienen in Marienfelde verlegt werden. Doch wie im wilden Westen ziehen auch rund um Berlin die Menschen dorthin, wo die Eisenbahn fährt. 1875 wird der Bahnhof Marienfelde eröffnet, zunächst nur als Haltepunkt an der Berlin-Dresdener-Eisenbahn. Doch schon ein paar Monate später stoppen hier auch die Züge der Königlich-Preußischen Militär-Eisenbahn auf dem Weg nach Zossen.

Die Greulichstraße, in der Sigrid Engelbrecht wohnt, gehört zur Neu-Marienfelder Villenkolonie westlich der Gleise. Die Siedlung aus kleinen Einfamilienhäusern, Villen und Sommerresidenzen entsteht um 1888. Vom Bahnhof zum Kiepertplatz sind es nur ein paar Schritte. Der Platz sei damals die „gute Stube" der Kolonie gewesen; rund um die blumengeschmückte Parkanlage habe es Ladengeschäfte, Gaststätten und eine Autobusstation gegeben, schreibt Hans-Werner Fabarius in seiner Chronik *100 Jahre Marienfelde*. Heute ist davon nicht mehr so viel zu sehen. Zwar gibt es noch eine

Seit mehr als 100 Jahren:
S-Bahnhof Marienfelde

Wiese mit Bäumen, doch die kleinen Läden sind verschwunden, aus der Gastwirtschaft von Otto König wird eine Flachbaukneipe und nur das Kopfsteinpflaster der umliegenden Straßen erinnert an die einstmals prunkvolle Anlage.[37]

In Neu-Marienfelde lebt und arbeitet zu Beginn des 20. Jahrhunderts auch Bruno Möhring, einer der wichtigsten und bekanntesten deutschen Architekten seiner Zeit. 1863 in Ostpreußen geboren, studiert er an der Technischen Hochschule in Charlottenburg, macht sich als Architekt selbstständig und wird 1907 zum Professor ernannt. Er ist im In- und Ausland tätig, entwirft für Berlin Wohnhäuser, Geschäftsbauten, Brücken und Bahnhöfe wie den Hochbahnhof an der Bülowstraße und die berühmten Rundhäuser am Platz der Luftbrücke.

Seiner Familie baut Möhring in der Parallelstraße (heute Bruno-Möhring-Straße) ein Sommerhaus. Für Carl Schippert, den damaligen Direktor der Daimler-Motorenfabrik entwirft er eine Villa in der Emilienstraße 15, die heute als Bürogebäude und Veranstaltungshaus genutzt wird. Nebenan, in der Nr. 17, wohnt zwischen 1930 und 1945 Heinrich Lübke, der spätere Bundespräsident.

Als Gemeindevorsteher von Marienfelde sorgt Möhring um 1920 für Umbau und Restaurierung der Dorfkirche. Besonders schön und bis heute zu bewundern ist die von ihm entworfene Kapelle auf dem evangelischen Gemeindefriedhof. Der expressionistische Ziegelbau von 1927 ist das letzte Bauwerk des Architekten, der zwei Jahre später mit 66 Jahren stirbt. Natürlich ist er in Marienfelde bestattet, sein Ehrengrab ist heute zugleich ein Gartendenkmal.

ALT-MARIENFELDE: DIE KIRCHE IM DORF LASSEN

Sie wirkt klein und doch wie ein Fels in der Brandung. Das Gemäuer ist aus dickem Feldstein gebaut, bis zu 1,75 Meter stark. Die Fenster sind schmal und schlitzartig, die hölzernen Türen konnten durch Sperrbalken gesichert werden. Wann genau die Dorfkirche in Alt-Marienfelde gebaut wurde, ist umstritten. Die einen sagen im Jahr 1220: Damit wäre sie die älteste Kirche Berlins. Die anderen sagen um 1240: Dann wäre die Nikolaikirche in Mitte möglicherweise älter. Gesichert ist aber, dass die Marienfelder Kirche die einzige noch vollständige Kirchanlage mit Westturm, Langhaus, Chor und

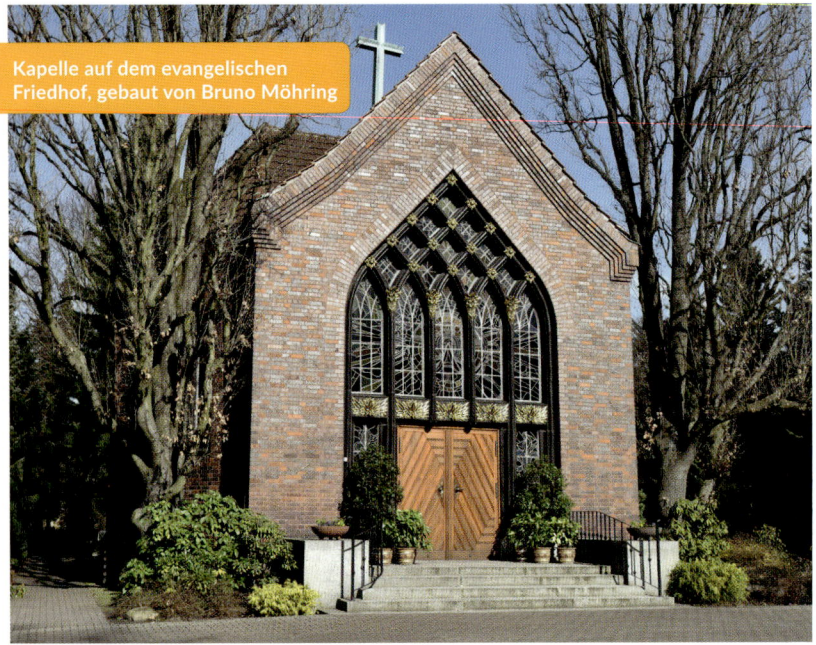

Kapelle auf dem evangelischen Friedhof, gebaut von Bruno Möhring

Apsis im Stadtgebiet ist. Bei Restaurierungsarbeiten in den 1990-er Jahren entdecken Archäologen 20 Grabstätten, die vermutlich noch älter als die Kirche sind.

Seit 1974 steht der alte Dorfkern unter Denkmalschutz, und auch im 21. Jahrhundert bezaubert das mittelalterliche Flair. Vielleicht ist das Gotteshaus deswegen eine der beliebtesten Hochzeitskirchen im weiten Umkreis. Wer das feiern will, braucht nicht weit zu laufen. Gegenüber der Dorfkirche befindet sich das 1830 gebaute Gasthaus „Zur grünen Linde". Ein paar Häuser weiter lädt die „Alte Dorfaue" mit zwei Biergärten und einer kleinen Pension ein. Einen Biergarten hat auch die alte Hufschmiede. Das Haus habe schon seinem Urgroßvater gehört, erzählt Reinhard Berger in einem Fernsehinterview mit dem RBB im Jahr 2013. Er selbst sei hier geboren und habe, bis auf seine Zeit als Entwicklungshelfer in Afrika, auch immer in dem Haus gelebt, allein, als WG, mit Familie. Schon als Student habe er die Idee gehabt, das Haus nicht nur zum Wohnen zu nutzen. Vor ein paar Jahren hat der gelernte Architekt die alte Schmiede zu

Gasthof zur Grünen Linde, Alt-Marienfelde, um 1900

dem Veranstaltungsort *Haus der Ideen* umgebaut – für Hochzeiten, Musikabende, Lesungen, Kurse, für alle, die Lust haben, hier etwas zu machen.

Unbedingt sehenswert ist auch der Hof von Bauer Lehmann in Alt-Marienfelde 35. Gleich am Eingang befindet sich der kleine Hofladen mit einem Freiluft-Café. Hier gibt es frische Milchprodukte, Geflügel, Obst und Gemüse aus der Region, Wurst- und Käsespezialitäten, zahlreiche Honigsorten vom Imker, Biobrot und frisches Leinöl. Neben der Ladentür hängt ein Automat aus den 1960er-Jahren, über dem groß „Frische Eier" geschrieben steht. In jedem Fach steht, gut zu sehen, ein Karton mit vier Eiern. Kosten: ein Euro. Zu jeder Tages- und Nachtzeit. Damals war der 24-Stunden-Service sehr beliebt, weil es noch keine Spätis oder Tankstellen gab und auch die Öffnungszeiten der Einkaufsläden sehr beschränkt waren.

Eine besondere Attraktion ist der Weihnachtsmarkt, den es seit 1994 auf dem Hof gibt. Kunsthandwerk, Schauschmiede, Schmuck

Frische Eier

und Handarbeiten gehören ebenso dazu wie hausgemachte Suppen, Bratwurst, Glühwein, Chöre und Orchester. Auf dem Kornboden werden Märchen erzählt, unten im Stall kann man Kälbchen und Ziegen streicheln, draußen kann man Pferde bewundern und auf der Wiese den Gänsen begegnen.

STADT, LAND, GUT

Marienfelde selbst wird als „Merghenvelde" 1344 zum ersten Mal urkundlich erwähnt. Vermutlich ist das Dorf, wie Tempelhof und Mariendorf, schon im Jahrhundert zuvor von den Tempelrittern angelegt worden. Genau 500 Jahre und einige Besitzerwechsel später kauft Carl Gotthilf Adolf Kiepert 1844, im jugendlichen Alter von 24 Jahren, das ehemalige Rittergut, erweitert das Wohnhaus um Erker, Terrasse und Freitreppe. Er legt einen Park an und baut das Gut zu einem landwirtschaftlichen Musterbetrieb um. Überhaupt ist der Ökonom Adolf Kiepert sehr rührig: er ist Amtsvorsteher, Stellvertreter des Landrats von Teltow, Mitglied im preußischen Landtag und Reichstagsabgeordneter. Als Mitgründer der Deutschen Landwirtschaftsgesellschaft ist er ihr Vorsitzender und – Patron. Diesen Titel bekommen alle, die ein ehemaliges Gut der Tempelritter kaufen, auch wenn sie nicht adlig sind. Aber damit ist auch die Pflicht verbunden, Kirche und Schule zu erhalten. Bis zu seinem Tod lebt Kiepert in Marienfelde und wird 1892 auf dem alten Kirchhof beerdigt, obwohl der längst wegen Überfüllung geschlossen ist. Bis heute ist das Familiengrab das einzige, das auf dem Friedhof noch genutzt werden darf.

Kiepert zu Ehren wird der Platz zwischen Bahn-, Emilien-, Kiepert- und Greulichstraße um die Wende vom 19. zum 20. Jahr-

hundert in Kiepertplatz umbenannt. Die gleichnamige Straße ist seinem Bruder Heinrich gewidmet, der als Geo- und Kartograf bekannt ist.

KINDER AN LUFT UND SONNE

Mitte der 1920er-Jahre verkaufen Kieperts Erben Gebäude und Gelände für knapp 6,5 Millionen Mark an die Stadt Berlin. Von nun an wird das ehemalige Rittergut unterschiedlich genutzt: Der 4,5 Hektar große Park wird vom Bezirk Tempelhof übernommen, umgebaut und als „Waldpark Marienfelde" für die Öffentlichkeit freigegeben. Im Herrenhaus werden Teile des Bezirksamts untergebracht. Mit Beginn des Zweiten Weltkriegs wird im Hauptgebäude ein öffentlicher Luftschutzbunker eingerichtet, zwei Jahre später entsteht auf dem Gutshof ein Kriegsgefangenenlager. Nach Kriegsende tagt hier die aus Antifaschisten zusammengesetzte Ortsverwaltung, der Bezirksbürgermeister hat hier seinen Amtssitz, hier werden Lebensmittelkarten ausgegeben. 1949 beginnt die jährli-

Adolf Kiepert, Gutsherr und Amtmann, um 1890

che Sommeraktion „Kinder an Luft und Sonne", bei der bis zu 200 Kinder ihre Sommerferien in Marienfelde verbringen. Ein Jahr später werden im „Schloss" vorübergehend Schulklassen untergebracht.

Ein Spaziergang durch den Gutspark ist ein absolutes Muss: viele alte Bäume, einladende Wiesen und ein bezaubernder Schmuckgarten mit Fontänenbrunnen, Blumenbeeten, Bänken und Skulpturen laden ein.

VON WEGEN VERSCHLAFEN

1977 übernimmt das Bundesgesundheitsamt die Wohn- und Wirtschaftsgebäude, nutzt das Gelände als Versuchsgut und kauft es in den 1970er-Jahren für den symbolischen Preis von einer D-Mark der Stadt Berlin ab.[38] Aus dem Amt wird das Bundesinstitut für Risikobewertung, kurz BfR.

Links und rechts des Nahmitzer Damms, kurz vor der Marienfelder Allee, erstrecken sich zahlreiche Tierhaltungsanlagen und Labore des BfR. Tierhaltung und Fütterung spielen für die Gesundheit von Tier und Mensch eine wichtige Rolle. Darum hält das Institut Rinder, Schafe, Ziegen und Geflügel, zum Beispiel vom Aussterben bedrohte Rassen wie das Pommersche Landschaf und die Hühnerrasse „Deutscher Sperber". Manchmal kann man die Tiere auf den Freiflächen von der Straße aus beobachten. In der Aquakultur werden unterschiedliche Fische und Muscheln gezüchtet, um bakterielle Übertragungswege vom Stall oder Aquarium bis zur Küche nachzuverfolgen.

Die Bauten in Alt-Marienfelde werden in enger Zusammenarbeit mit dem Denkmalschutz saniert, nach mehr als zehnjähriger Bauzeit wird der Neubau 1992 bezogen. In dem ehemaligen Rittergut am Eingang zum nichtöffentlichen Teil des Gutsparks befindet sich heute der Sitz des Präsidenten des Bundesinstituts.[39]

FRAUEN FÜR FORTSCHRITT, GLAUBEN UND FÜRSORGE

Die weltweite Frauenbewegung wächst Mitte des 19. Jahrhunderts auch in Deutschland: Die Frauenrechtlerinnen wollen das Wahlrecht, das Recht arbeiten zu gehen, das Recht auf Bildung. In der Marienfelder Allee 14 – 18 gründet das „Fräulein" Dr. Elvira Castner 1884 die „Gartenbaufachschule für Frauen und Mädchen gebildeter Stände", die „Frau Prediger Bianka Richter" ist Mitgründerin des „Frauen-Vereins für geordnete Krankenpflege im Kreis Teltow" und Initiatorin des DRK-Krankenhauses in Mariendorf. Franziska Tiburtius aus der Emilienstraße 10 ist die erste deutsche Ärztin, die promoviert und eine eigene Praxis hat (allerdings in Prenzlauer Berg, nicht in Marienfelde.) Ein Verein widmet sich der Rettung strafentlassener Mädchen (1887), die Marienfelderin Clara Mende wird Vorsitzende der Haushaltsschule des Berliner Hausfrauenvereins „Henrietten-Haus".[40] Heute sind die Forderungen der damaligen „Suffragetten" erfüllt, längst hat es eine zweite Frauenbewegung mit anderen Zielen gegeben. Aber die Frauen aus Marienfelde haben vor mehr als 100 Jahren ihren Beitrag zur heutigen Gleichberechtigung geleistet.

KLOSTER VOM GUTEN HIRTEN

Berlin um 1900. Das Deutsche Reich ist gerade mal 30 Jahre alt, die Stadt boomt. Fabriken schießen aus dem Boden, die Wirtschaft entwickelt sich ebenso rasant wie die Einwohnerzahlen. 1905 leben mehr als zwei Millionen Menschen in der Hauptstadt. Diese ist von Extremen geprägt: im Westen blitzt und blinkt es, hier wird Geld gemacht, hier zeigt man seinen Luxus; doch im Norden und Osten, in „Zille sein Milljö", leben die Armen, die Kriminellen, die Prostituierten und all die, die sich abrackern und es doch nicht schaffen.

Für gefallene Mädchen ist die Rettungsanstalt im katholischen Kloster vom Guten Hirten zuständig. Erst in Alt-Lietzow (heute Charlottenburg), ab 1905 in Marienfelde. Hier, weit vor den Toren der aufstrebenden Stadt, wollen die Schwestern die sittlich gefährdeten

Kloster vom Guten Hirten

Mädchen zurück auf den Pfad der Tugend bringen. „Die vierhundert Mädchen, die wie in einem Gefängnis gehalten wurden, arbeiteten in der Bäckerei und Wäscherei sowie auf den zugehörigen Feldern und Gärten, die sich um das Kloster bis zur Marienfelder Allee und zur Hildburghauser Straße erstreckten."[41]

So schön das neue Gebäude auch ist – ein siebeneckiger neugotischer Klinkerbau mit vier voneinander getrennten Kirchenschiffen – sein Grundriss entspricht der Bauweise von Gefängnissen im frühen 19. Jahrhundert, nur mit der Klosterkirche statt eines Gefängnisturms in der Mitte der Anlage.

1935 schließen die Nazis die Klosterschule; doch die Nonnen finden einen Weg, sie als Filiale der städtischen Berufsschule wieder zu eröffnen. Nun aber dürfen sie nur noch Mädchen aufnehmen, die als „lebensunwert" eingestuft worden sind. Mit einem zweiten Trick retten die Ordensschwestern die ihnen Anvertrauten: Sie beantragen die Anerkennung als geschlossenes Heim und können die Mädchen vor Zwangssterilisation und Abtransport ins KZ retten.

Bei den heftigen Luftangriffen auf Marienfelde wird auch das Kloster zum Guten Hirten stark beschädigt; erst drei Jahre nach

Kriegsende sind die Um- und Aufbauarbeiten abgeschlossen. 1967 ziehen sich die Kirchenfrauen wegen Nachwuchsmangels zurück. Das Kloster wird geschlossen, Anfang der 70er-Jahre Jahre umgebaut und neu konzipiert. Heute beherbergt es unter anderem das katholische Gemeindezentrum, eine Schule für geistig Behinderte und ein Bewegungsbad.

MÄRCHEN, MYTHEN UND GESCHICHTEN

Am Ende der Greulichstraße steht die Heilandsweide. Die Legende sagt, dass, vermutlich um 1750, ein langhaariger, bärtiger Schafhirte auf das Gehöft am damaligen Königsgraben kam. Er sei sehr gottesgläubig gewesen und soll heilende Kräfte gehabt haben. Man nannte ihn "Heiland". Jetzt wird es spannend, denn die Sage hat zwei unterschiedliche Enden. Die eine Variante sagt, dass „Heiland" bei dem Versuch, ein Schaf aus dem Sumpf an der Marienfelder Allee zu retten, selbst unterging. Man fand nur seinen Weidenstab im Morast. Und weil der Stab im nächsten Frühjahr ausschlug, nannte man den Baum im Andenken an den tapferen Schäfer „Heilandsweide".

Klingt gut, aber traurig. Wie auch die zweite Variante: Der Gutsbesitzer übergab sein Gehöft an Tochter und Schwiegersohn. Doch dieser schickte den Schäfer fort. Die junge Bäuerin will gesehen haben, wie der „Heiland" beim Weggehen seinen Weidenstab am Rande des Königsgrabens in die Erde stieß. Im nächsten Frühjahr schlug der Stab aus, wurde zu einer knospenden Weide und hieß von da an „Heilandsweide".

1927 wird die prächtige Silberweide als Naturdenkmal geschützt. Mit einem Stammumfang von sechseinhalb Metern gilt sie viele Jahre als Berlins dickster Baum. Doch die Jahre gehen auch an einer Silberweide nicht spurlos vorbei. Der Stamm wird hohl, der Baum stirbt ab. Der Ableger, der 1952 in unmittelbarer Nähe gepflanzt wird, überlebt nur 40 Jahre. Doch „auch dieser Baum [...] hat bereits durch Ableger Nachwuchs bekommen: 2008 haben der Marienfelder NaturRanger und die Initiative Berlin-Marienfelde die „Heilandsweide Nr. 3" am Märchenweiher in den Grünen Klassenzimmern des Naturschutzparks Marienfelde gepflanzt."[42]

Schon 1949, kurz nach der Gründung der beiden deutschen Staaten, flüchten immer mehr Menschen aus der Deutschen Demokratischen Republik. Als die DDR-Regierung 1952 die innerdeutsche Grenze abriegelt, kommen die Flüchtlinge vor allem nach Berlin; denn hier kann man noch relativ leicht vom Ost- in den Westsektor wechseln. Bald weiß West-Berlin nicht mehr, wo man die Menschen alle unterbringen soll und lässt das Bundesnotaufnahmelager in Marienfelde bauen.

Die 13 dreigeschossigen Wohnblocks werden als normale, wenn auch umzäunte Siedlung angelegt. Sie bestehen aus 280 Ein- bis Dreizimmerwohnungen, Ladenlokalen, einer Kindertagesstätte und einem Speisesaal mit Küche. Wenn sich die politische Lage wieder beruhigt hat, so denken die Regierenden, wird man die Wohnungen normal vermieten können.

Mehr als 1,35 Millionen Menschen suchen zwischen 1953 und 1989 Zuflucht in Marienfelde, in manchen Zeiten bis zu 2.000 täglich. Die meisten sind aus der DDR, später kommen viele aus Osteuropa und der Sowjetunion. Politischer Druck und Planwirtschaft, Angst vor Repressalien, aber auch Fernweh und wirtschaftliche Verlockungen sind Gründe, die Heimat zu verlassen. „Hier wurden sie untergebracht und durchliefen das notwendige Verfahren, um eine Aufenthaltsgenehmigung für die Bundesrepublik und West-Berlin zu erhalten."

Obwohl es bis 1961 kontinuierlich erweitert wird, ist das Lager fast immer überbelegt. Anfangs wurden alle Flüchtlinge strengen Aufnahmekriterien unterzogen. „Nur wer glaubhaft darlegen konnte, dass er die DDR „wegen einer drohenden Gefahr für Leib und Leben, für die persönliche Freiheit oder aus sonstigen zwingenden Gründen" hatte verlassen müssen, erhielt eine Aufenthaltserlaubnis."[43] Später reichte es nachzuweisen, dass man arbeitsfähig war.

Die Schriftstellerin Julia Franck, die 1978 mit ihrer Familie aus Ostberlin in den Westen kommt, beschreibt in ihrem Buch *Lagerfeuer* die Zeit im Notaufnahmelager. Auch für Prominente wie Nina Hagen und Dieter Hallervorden, Bärbel Bohley und Rudi Dutschke, Katharina Thalbach und Manfred Krug ist Marienfelde die erste Anlaufstelle im Westen. Wie lange man im Lager leben muss, hängt auch davon ab, wie nützlich man den Alliierten als Informant ist.

Manche Flüchtlinge bleiben nur wenige Tage in Marienfelde, andere leben Monate hier.

Jeder Flüchtling muss die zwölf Stationen des Aufnahmeverfahrens durchlaufen: Vom Arzt zu den Alliierten. Beim Fürsorgedienst Essensmarken und Freifahrtscheine abholen. Nach der polizeilichen Anmeldung den „Antrag auf Erteilung einer Aufenthaltserlaubnis für die Bundesrepublik und West-Berlin" stellen. Befragung durch Bundesverfassungsschutz, das gesamtdeutsche Ministerium

Erinnerungsstätte Notaufnahmelager Marienfelde

und Bundesnachrichtendienst. Auf einen Termin für den Aufnahmeausschuss warten. Ist die Aufnahme bewilligt, geht es, endlich, nach Westdeutschland. In Berlin darf nur bleiben, wer hier Verwandte, einen Studien- oder Arbeitsplatz hat. Für alle anderen ist der Flughafen Tempelhof die letzte Station vor der Freiheit. Um nicht auf der Transitstrecke durch die DDR verhaftet zu werden, werden die neuen Westdeutschen ausgeflogen.

Nach dem Mauerbau 1961 nimmt die Zahl der Flüchtlinge rapide ab – und steigt erst 1989 wieder an, nachdem Ungarn seine Grenzen öffnet. Die letzten Bewohnerinnen und Bewohner verlassen das Lager 1993, danach wird es „als zentrale Aufnahmestelle des Landes Berlins für Aussiedler genutzt und am 31. Dezember 2008 geschlossen."[44] 2010 hat der Internationale Bund das Lager als Übergangswohnheim für Flüchtlinge und Asylbewerber/innen wieder eröffnet.

Heute befindet sich in einem Teil des Eingangsgebäudes die „Erinnerungsstätte Notaufnahmelager Marienfelde". 900 Exponate der

Dauerausstellung machen die Geschichte der deutsch-deutschen Flüchtlinge nacherlebbar, Zeitzeugen schildern in mehr als 100 Ton- und Videointerviews ihre Erlebnisse. Und wie die Wohnverhältnisse damals waren, kann man hier, in einem original erhaltenen Zimmer, erahnen: Drei Doppelstockbetten auf vielleicht 25 Quadratmetern, ein Kleiderschrank, eine Kommode. Ein einfacher Holztisch in der Mitte des Raums, darüber eine schlichte Lampe. Auf den Betten liegen Wolldecken, die schon von weitem kratzig aussehen. Das Bad ist auf dem Flur und wird, wie auch die Küche, von allen Bewohnern gemeinsam genutzt. Insgesamt sieben Themenräume dokumentieren die Zeit vom Verlassen der DDR bis zur Eingliederung in die Bundesrepublik.

Seit 2008 ist die Erinnerungsstätte Teil der *Stiftung Berliner Mauer*.

EINE JUGEND IN MARIENFELDE

„Marienfelde ist kein glamouröser Ort. Es ist eine Siedlung am Stadtrand von Berlin." So lakonisch sieht der 22-jährige Max Klunker seine Heimat, die Hochhaussiedlung am Tirschenreuther Ring. Gut sichtbar stehen die bunten Hochhäuser an der Grenze zu Brandenburg. Sandfarbene Häuserfronten mit aquamarinblauen Unterbrechungen. Mohnrote Außenfassaden mit lachsfarbenen Flachbauten. An einem der höchsten Häuser lockern Sonnengelb, Olivgrün und Orange, gepaart mit grafischen Mustern, die strenge Symmetrie der Fassade auf.

Ende der 1960er-Jahre wird der Gebäudekomplex für rund 25.000 Menschen auf den damaligen Ackerflächen gebaut – mit seinen klaren Konturen und den gewaltigen Ausmaßen ein starker Gegensatz zum Marienfelder Dorfkern und den Einfamilienhäusern direkt nebenan.

Max' Lieblingsplatz ist eine alte Kinderschaukel hinter dem Haus. Hier, 40 Meter von der elterlichen Wohnung entfernt, habe er bereits als kleiner Junge gesessen und nachgedacht. „Ich wollte schon als Kind Dinge immer verstehen und erklären." Und das will er auch noch, wenn er sein Physikstudium an der Technischen Universität beendet hat. Noch steht er am Anfang seiner wissenschaftlichen Laufbahn, doch sein Ziel ist klar: forschen und lehren.

Hochhäuser am Tirschenreuther Ring

Gerade mal vier Wochen alt ist Max, als seine Eltern, eine Indonesierin und ein Brandenburger, 1993 mit ihm und dem älteren Bruder aus Amsterdam nach Marienfelde ziehen.

Bis vor wenigen Jahren habe gleich neben der Schaukel ein Ökohaus gestanden, erzählt Max. Das war Anfang der 1990er-Jahre ein Gemeinschaftsprojekt vom Bezirksamt, Quartiersmanagement und dem Wohnungsunternehmen degewo dem heute die Großwohnsiedlung gehört. Das Holzhaus mit Südverglasung, Wintergarten und Solaranlage war von Jugendlichen gebaut worden, stellte seine eigene Energie her und war Treffpunkt für Alt und Jung. Doch der Zahn der Zeit nagte auch hier, nach und nach verfällt die Einrichtung, und nachdem es drei Mal gebrannt hat, wurde das Gelände geräumt. Jetzt ist hier ein interkultureller Gemeinschaftsgarten für die Anwohnerinnen und Anwohner geplant.

Die degewo, das größte kommunale Wohnungsunternehmen der Stadt, bewirtschaftet berlinweit mehr als 75.000 Wohnungen und engagiert sich laut eigenen Angaben für die ganzheitliche Entwicklung von Stadtquartieren. Mit dem Wohnprojekt „Mariengrün" gleich um die Ecke der Großsiedlung hat das Wohnungsunternehmen den ersten städtischen Neubau seit mehr als zehn

Max Klunker,
Physikstudent

Jahren hochgezogen und will bis 2016 ein Konzept des Mehrgenerationenwohnens in Marienfelde umsetzen.

Ein paar Schritte weiter wechselt das städtische Leben abrupt zu ländlicher Weite. Wo einst der Grenzstreifen zwischen West- und Ostdeutschland verläuft, stehen jetzt Birken, Buchen, Kiefern – ein bunter Mischwald aus Laub- und Tannenbäumen. Bis vor 25 Jahren patrouillierten hier die DDR-Grenzer, heute hat die Natur das Sagen. Der Rad- und Wanderweg ist Teil des 160 Kilometer langen Mauerwegs entlang der ehemaligen Grenzanlagen zu West-Berlin, von denen an einigen Stellen noch Spuren zu erkennen sind.

Am besten sieht man den Unterschied zwischen Stadt und Land von ganz oben: vom Dach eines Hochhauses: Im Süden schaut man bis zum Horizont über Felder, Wälder und den imposanten Himmel über Brandenburg. Im Westen dampfen die Schlote des Heizkraftwerks Lichterfelde, im Norden erkennt man den Turm vom Ullsteinhaus, das Gasometer in Schöneberg und bei klarer Sicht auch den Fernsehturm am Alex.

„Als ich klein war, war das alles noch wild gewachsen", sagt Max. „Ich habe hier Fasane gesehen, Bussarde und Rehe – und das in der Stadt. Das ist so ein bisschen zwischen den Welten."

Max dreht sich eine Zigarette und steht von der Schaukel auf. „Es ist schwierig zu sagen, was für Marienfelde typisch ist. Als es günstige Wohnungen gab, sind alle hierher gezogen. Jetzt leben hier viele Senioren und ein paar Familien. Aber es ist kein Ghetto. Und keine Anballung eines bestimmten Typus Mensch. Ich würde sagen, Marienfelde ist eine Zweckgemeinschaft."

FREIZEITPARK

Freizeitpark: Auf dem Weg zum Alpengipfel

Dort, wo früher Berliner Hausmüll gelagert wurde, befindet sich heute eines der schönsten Erholungs- und Naturschutzgebiete der Stadt. Gerade mal 2.300 Meter östlich der Hochhaussiedlung beginnt der Freizeitpark Marienfelde – mit großen Liegewiesen, kleinen Tümpeln, Picknickplätzen, einer Naturstation, einer Skateranlage und einem traumhaften Blick.

Mehr als 30 Jahre, von 1950 bis 1981, bringt die Berliner Stadtreinigung den Müll zur Marienfelder Deponie. Hier verrotten mehr als vier Millionen Kubikmeter Abfälle aus Berliner Haushalten. Mehr als 70 Meter hoch sind die Halden.

Nachdem die Deponie geschlossen wird, erobert sich die Natur das Terrain zurück. Unbeachtet vom Großstadtleben blühen und gedeihen seltene Pflanzen- und Tierarten. Und auch unterirdisch tut sich etwas; denn wenn Abfälle verrotten, entsteht Methangas – und das entweicht auch noch Jahre nach der Schließung. Die Stadt lässt ein kompliziertes Röhrensystem installieren, um die Gase aufzufangen und zur Energienutzung an die benachbarte Stollwerck-Schokoladenfabrik weiterzuleiten. Doch um die Jahreswende 1999/2000 steigen die Gase an die Oberfläche. „Spaziergänger im Freizeitpark Marienfelde werden gebeten, dort nicht zu rauchen," schreibt der Tagesspiegel im Januar 2000. Zwar sei das Gas nicht giftig, könne sich aber in Erdhöhlen sammeln, so dass schon eine weggeworfene Zigarette reiche, um es zu entzünden. Im Jahr 2001 kommt es tatsächlich zu einer Verpuffung, aus Sicherheitsgründen wird der Park geschlossen.

KANINCHEN, KRÖTEN, ALPENSTÜRMER

Trotz einiger Proteste gegen die öffentliche Nutzung wird das Gelände vier Jahre später mit einer neuen Gasauffang- und Überwachungsanlage wieder eröffnet. 2007 richtet der NABU (Naturschutzbund Deutschland e.V.) eine Naturschutzstation ein. Neun Stationen gibt es auf dem eineinhalb Kilometer langen Naturerlebnispfad. Kröten, Molche, Libellen und die Ringelnatter sind am Teich zu Hause, auf den Wiesen grasen Schafe, auf dem Wiesenweg flattern im Sommer unzählige Schmetterlinge, und am Südhang kann man manchmal die geschützte Zauneidechse beobachten – die Artenvielfalt ist so groß wie an kaum einem anderen Ort in der Stadt. Außerdem gibt es noch einen Barfußpfad, einen Weg für Naturgucker und den höchsten Berg Tempelhofs.

Na ja, ein richtiger Berg ist der „Alpengipfel" mit 77 Meter nicht, aber wer hier oben steht, hat einen ziemlich guten Überblick: Im „Flachland" forscht das WaBoLu, das Institut für Wasser-, Boden- und Lufthygiene. Im Süden sieht man die Marienfelder Feldflur und dahinter Teltow-Fläming. Im Osten liegt der Königsgraben. Den hat der preußische König Friedrich der Große 1776/77 zur Entwässerung bauen lassen; denn nach starken Regenfällen stehen die Äcker zwischen Marienfelde und Lichtenrade immer wieder unter Wasser. In den 1930er-Jahren wird in Teilen des Königsgrabens ein elf Kilometer langer Entwässerungskanal gebaut, „der westlich des Lankwitzer Hafens und der Sieversbrücke in den Teltowkanal mündet und heute noch in Betrieb ist."[45]

HALFPIPE, VERT UND CO.

Im Norden des Freizeitparks ist es auf andere Art schön. Hier herrschen Betonröhren, Rampen, Edelstahl und Graffiti. Auf drei Ebenen „findet sich so ziemlich alles, was das Skaterherz höher schlagen lässt: Quarter Pipes, Wobbels, Waves und Banks", schreibt das Stadtmagazin Zitty schon 2012. Der Clou ist die 60 Meter lange Halfpipe, eine halbe Röhre mit Ein-Meter-Radius und zwei Meter Vert, also dem Stück, das im 90-Grad-Winkel nach oben geht. Die Halfpipe mündet in einer Steilkurve, die für Nichtskater gefährlich aussieht, den Profis aber mächtig Spaß macht. Auf der als Hinder-

Ab durch die Röhre:
Skaten im Freizeitpark

nisparcours angelegten Fläche gibt es außerdem schräge Wände, Wallrides genannt, Viertelröhren (Quarterpipes), klassische Katalogrampen und die „Chill-Out-Area" zum Gucken, Quatschen, Pause machen.

HORCH UND GUCK AUF DEM AMIBERG

Westlich des Diedersdorfer Wegs geht der Freizeitpark weiter. Hier findet sich auch der zweite „Berg" der Anlage, mit 64 Metern allerdings ebenfalls eher ein Hügel. 1962 ist der Kalte Krieg auf einem Höhepunkt. Umgeben vom kommunistischen Klassenfeind, wird Berlin von Amerikanern, Briten und Franzosen bewacht, beschützt und als Horchposten benutzt. Hier auf dem Trümmerberg, ganz nah an der Grenze zur DDR, bauen die US-amerikanischen Streitkräfte ihre Abhörstation USAFSS/ESC. Das steht für „US Air Force Security Service/Electronic Security Command" und bedeutet offiziell die Erkundung atmosphärischer Phänomene und die Sicherung des Flugverkehrs. Erst nach der Wende wird man durch die Auswertung von Stasi-Unterlagen erfahren, dass Amerikaner und Briten von hier aus auch elektronische Kriegsführung betrieben haben. 1991, nach der deutschen Wiedervereinigung und dem Abzug der Alliierten, wird

die Anlage stillgelegt und bis 1996 abgerissen. Wenige Jahre später wird das Gelände renaturiert, vom Amiberg und seinen geheimdienstlichen Aufgaben ist nichts mehr zu sehen.

GANZ GUT VERNETZT

Warum soll jeder für sich das Rad neu erfinden, warum tut man sich nicht zusammen, um gemeinsam für alle mehr zu erreichen? Das fragen sich im November 2004 sieben Unternehmer aus Marienfelde und gründen das Unternehmensnetzwerk Motzener Straße e.V. Sie wollen gegenüber Politik und Verwaltung mit einer Stimme sprechen; sie engagieren sich auf sozialer Ebene und gründen einen Betriebskindergarten, sie machen gemeinsame Sache bei der Aus- und Weiterbildung. Baut ein Unternehmen ein neues Gebäude, werden die Dächer begrünt und das Regenwasser genutzt. Dafür gibt es dann auch schon mal den Green Buddy Award, den Umweltpreis des Bezirks. Zum Beispiel 2011 für die Firma Selux (früher Semperlux) für ihre historische Konstruktion von Straßenleuchten mit modernster Technik, und 2014 für die Klosterfrau GmbH für die langfristige energetische Gebäudesanierung bei laufender Produktion.

Zu einer Zeitreise durch die Welt der Beleuchtung lädt das historische Leuchtenmuseum der Firma Selux ein. Lassen Sie sich bei einer Führung begeistern von historischen Originalleuchten des 19. und 20. Jahrhunderts, Ikonen des Industrie-Designs und einer mehr als 100 Jahre alten, noch funktionierenden Kohle-Bogenlampe. (nur mit Anmeldung).

Das Unternehmensnetzwerk ist nicht mehr das einzige wirtschaftliche Netzwerk im Bezirk, aber es ist deutschlandweit das erste Unternehmensnetzwerk, das sich gebietsbezogen gegründet hat und in einem industriell geprägten Gebiet selbst organisiert. „Heute gibt es 64 Mitglieder, knapp die Hälfte alle rund 5.000 Mitarbeiter am Industriestandort gehören dazu."[46]

ZAHLENSPIELE

Wer hier lebt, hat viel Platz. Statistisch gesehen: Marienfelde hat eine Fläche von 10,1 Quadratkilometern, das ist ein knappes Viertel des Gesamtbezirks Tempelhof. Auf einem Quadratkilometer leben also gerade mal 3.041 Menschen. Etwas mehr als die Hälfte der 31.099 Menschen sind Frauen (51,8 Prozent). Von 2013 zu 2014 ist die Einwohnerzahl nur geringfügig um 374 gestiegen. Knapp 16 Prozent der Marienfelder_innen sind zwischen 0 und 18 Jahre alt, zwischen 18 und 45 sind knapp 30 Prozent, die Gruppen der 45- bis 65-Jährigen und die der über 65-Jährigen hält sich mit 27,4 bzw. 27,1 Prozent die Waage.

Lichtenrade
Grüne Idylle im Süden der Hauptstadt

Lichtenrade ist Musik: Und hat mit Juliane Lahner eine Frau, die Rock'n'Roll singt und Gospel lebt. Lichtenrade ist Sport: Von Badminton bis Volleyball ist (fast) alles dabei. Iris Hoffmann hat 1984 bei den Olympischen Spielen in Los Angeles mit ihrer Schwimmstaffel Bronze geholt und ist überzeugte Lichtenraderin. Lichtenrade ist Kultur: beim Wein- und Winzerfest, im Kaffeehaus, im Internet und im Literaturclub. Lichtenrade ist sozial: Schon immer gab es hier Einrichtungen, die man so woanders nicht findet: früher das Diakonissenhaus Salem und das Christophorus-Kinderkrankenhaus, heute Suppenküche, Jugendarrestanstalt und die Suchthilfe Tannenhof. Und Lichtenrade ist natürlich Geschichte: Vom Dorfkern bis zum Friedhof, von der Geschichtswerkstatt bis zur Mälzerei, vom Herthateich bis zur Feuerwache.

2015 kann Lichtenrade gleich zwei Jubiläen feiern: Vor 785 Jahren wurde „Lichtenrode" vermutlich gegründet. Nicht von den Tempelrittern, sondern von flämischen Siedlern, die hier um 1230 eine Siedlung auf einer gerodeten Lichtung anlegten. Und 640 Jahre ist es her, dass Lichtenrade zum ersten Mal urkundlich erwähnt wurde – 1375 im Landbuch Kaiser Karls IV. 67 Hufe groß soll das Dorf damals gewesen sein, ungefähr 513 Hektar.

Immer wieder wechseln die Besitzverhältnisse, auch die katholische Kirche hat mehr als drei Jahrhunderte Anteil an den Dorfrechten. Um 1800 leben rund 112 Menschen in Lichtenrade. 1813 werden während des Befreiungskrieges gegen Napoleon auch in Lichtenrade viele Häuser und Höfe zerstört, die Aussaat für die nächste Ernte vernichtet.

Ab 1838 fahren die Postkutschen Richtung Dresden auf der Berliner Chaussee durch Lichtenrade und wechseln zum ersten bzw. letzten Mal auf der Reise die Pferde.

1883 bekommt Lichtenrade einen Haltepunkt an der Dresdner Eisenbahn, nach und nach werden die Ackerflächen neben der Bahnlinie mit Straßen und Häusern bebaut. Um 1890 leben in dem Dörfchen etwa 550 Menschen, zehn Jahre später sind es schon mehr als 800.

1920 wird auch Lichtenrade mit fast 5.000 Einwohnerinnen und Einwohnern in Berlin eingemeindet. Westlich der Eisenbahn wird die Abendrotsiedlung gebaut, eine Kleinhaussiedlung mit Gartenstadtcharakter - einfach, preiswert, luftig und für viele Bevölkerungsgruppen geeignet. Daran schließen sich die Straßen mit adligen Namen an: von Cecilien- bis Prinz-Heinrich- oder einfach nur Hohenzollernstraße. Das angrenzende Musikantenviertel zieht sich bis zur südlichen Stadtgrenze.

Im Norden, zwischen Buckower Chaussee und Barnetstraße liegt das Dichterviertel, östlich des Damms sind viele Straßen nach alten Lichtenrader Bauernfamilien benannt. Manche ihrer Nachfahren wohnen noch in den alten Gutshäusern. Zwischen Töpchiner Weg und Groß-Ziethener Straße entsteht das Taunusviertel mit kleinen Ein- und Zweifamilienhäusern; südlich des Volksparks beginnt das

Malerviertel, von dort geht es bis zum Wäldchen am Kirchhainer Damm mit dem Bayerischen Viertel weiter. Hier herrscht Gartenstadtidylle mit vielen Bäumen und teilweise sehr ruhigen Straßen. In der Pasinger Straße 27 wird 1953 bei Bauarbeiten ein 3.000 Jahre alter Bronzefund entdeckt.

In den 1960er- und 70er-Jahren boomt der soziale Wohnungsbau. Am Bornhagenweg, in der Steinstraße und in der Nahariyastraße entstehen Hochhaussiedlungen für mehrere tausend Menschen. Auch die Barnetstraße bekommt in dieser Zeit ein neues Gesicht, zwischen 1962 und 1968 lässt die Wohnungsgesellschaft Stadt und Land zwischen Lichtenrader Damm und Steinstraße Mehrfamilienhäuser im Plattenbaustil bauen. Heute ist Lichtenrade ein moderner Ortsteil, in dem knapp 50.000 Menschen leben.

Dass der Dorfkern von Lichtenrade aussieht wie früher, hat sicherlich damit zu tun, dass bereits in den 1930er-Jahren eine südliche Umgehungsstraße gebaut wurde, der heutige Lichtenrader Damm. Alt-Lichtenrade selbst ist noch immer mit Katzenkopfsteinen gepflastert und von alten Gutshäusern gesäumt. Die klassizistischen Fassaden zeugen vom Wohlstand der Bauern und Handwer-

Überschaubar: Straße in der Abendrotsiedlung

Alte Mitte: Dorfanger Alt-Lichtenrade

ker Ende des 19. Jahrhunderts. Daneben gibt es schlichte Büdner-
häuser, die heute ebenfalls unter Denkmalschutz stehen.

Der Giebelpfuhl, wie er früher genannt wurde, ist Berlins größter
Dorfteich. Schilf ragt weit ins Wasser hinein, Weiden neigen ihre
Zweige hinunter und auf der Wasseroberfläche blühen im Sommer unzählige Seerosen. Auf dem Uferweg lässt es sich geruhsam
um den See schlendern, auf den Liegewiesen kann man die Seele
baumeln lassen. Im Winter, bei klirrender Kälte und zugefrorenem
Teich, spielen Groß und Klein hier Eishockey und laufen Schlitt-
schuh. In der ehemaligen Volksschule nördlich vom Giebelpfuhl
ist heute das Jugendcafé am Dorfteich untergebracht, in der alten
Feuerwache eine Kita.

HERMANN WUNDRICH: DER MANN FÜR LICHTENRADE

Am südlichen Ende des Dorfteichs, wo man in Ruhe auf der
Bank sitzen oder auf der Wiese liegen kann, gibt es einen Platz ohne
offiziellen Namen. Aber alle wissen, das ist der Hermann-Wundrich-Platz. Und das steht auch auf der Holztafel, die der Bildhauer
Peter Troester geschnitzt hat.

Hermann Wundrich wird 1888 in Frankfurt an der Oder geboren, lernt Tischler, arbeitet als Journalist und kommt als 20-Jähriger

Hermann-Wundrich-Platz

nach Lichtenrade. Von Kindesbeinen an hat er sich mit der Zucht von kleinen Tieren und Geflügel beschäftigt und weiß, wie man Hühner füttern muss, damit sie mehr Eier legen. In seinem Garten an der Geibelstraße experimentiert er mit rationellen Methoden und eröffnet 1911 eine Futter- und Düngemittelhandlung an der Prinzessinnenstraße.

Die Dorfbewohner wissen erst nicht, was sie davon halten sollen, doch Wundrich schafft es, sie zu überzeugen. Außerdem macht er ihnen faire Preise – und bereits nach einem Jahr läuft sein Geschäft richtig gut. Auch in den 1920er- und -30er-Jahren bleibt ihm der Erfolg treu, mehrfach werden seine Produkte ausgezeichnet. Obwohl sein Geschäft unter den Bombardierungen im Zweiten Weltkrieg sehr leidet, gelingt es ihm nach dem Krieg wieder einzusteigen, und er erweitert seine Palette um Schädlingsbekämpfungsmittel und Baustoffe.

Seine Leidenschaft aber gilt Lichtenrade. 1903 wird er Vorsitzender des ersten Haus- und Gartenbesitzervereins, er engagiert sich für Straßenausbau, -beleuchtung und Verlängerung der Straßenbahnlinie 99, er schreibt für den Lichtenrader Anzeiger und ist aktiver Heimatforscher. 1961 veröffentlicht er sein Buch *Vom Bauerndorf zur Gartenstadt*. Die Geschichte Lichtenrades, das man

Dorfkirche Alt-Lichtenrade

heute noch über Antiquariate erhalten kann. Hermann Wundrich stirbt mit 87 Jahren. Am Platz, der seinen Namen trägt, wird am 3. Oktober 1990 die Wiedervereinigungsbuche gepflanzt.

DAUER UND VERGÄNGLICHKEIT

Mittelpunkt des alten Dorfes Lichtenrade ist die Kirche aus dem 14. Jahrhundert, die sich im Laufe der Zeit immer wieder geändert hat: Gebaut wurde sie vermutlich als Holzkirche, 1660 wird ein Dachturm angebaut, der allerdings nur 150 Jahre halten wird.

Die ursprünglichen gotischen Spitzfenster und -portale werden im 18. Jahrhundert durch runde Fenster ersetzt, damit mehr Licht in die Kirche kommt. 1902 bekommt die Kirche einen Turm mit achteckigem Pyramidendach.

Nach einem Bombenangriff im Dezember 1943 wird der Turmhelm zerstört, die Kirche brennt bis auf die Mauern ab und wird nach dem Krieg wieder aufgebaut. Der Turm bekommt ein markantes querstehendes Satteldach, das bis heute hält.

Die alten, zum Teil verwitterten Grabsteine auf dem alten Friedhof zeugen von der Vergänglichkeit der Zeit: geschwungene Marmorkreuze auf hohen Sandsteinsockeln, schwarze Steinplatten, manche vom Efeu umrankt, andere mit feinziselierter, manchmal kaum noch erkennbarer Schrift.

Hier liegen die Mitglieder alter Lichtenrader Bauerngeschlechter begraben. Der Friedhof sei zur Straße hin angelegt, erzählt ein Nachbar, damit die Gutsbesitzer, die auf der anderen Straßenseite wohnten, die Familiengräber immer im Blick hatten.

Innen ist die Dorfkirche schlicht und klein. Schon beim Eintreten fällt der Blick auf das leuchtende Kreuz über dem steinernen Altar.

Es besteht aus „kleinen Bronzereliefs, die den gekreuzigten Christus und die Apostel zeigen."[47] 15 farbige Emaillefelder zeigen Szenen aus dem neuen Testament, die Altarfenster funkeln bunt und symbolisieren die Symbiose zwischen Gesetz und Evangelium.

Der neue evangelische Friedhof zwischen der Paplitzer Straße und der Goltzstraße wird 1905 eröffnet. Wer hier zwischen Linden, Ahorn und Fichten spazieren geht, wird bald auf ein paar besondere Grabstätten stoßen.

Für den Staatsschauspieler Max Gülstorff gibt es ein Ehrengrab – das einzige auf dem evangelischen Friedhof. Gelernt hat Gülstorff, der 1882 in Tilsit geboren wird, Theater. Er spielt auf den großen Bühnen Berlins, bevor er sich mit Mitte 30 dem Film verschreibt und als großartiger Filmkomiker bekannt wird, zuerst in Stumm-, später auch in Tonfilmen. In mehr als 130 Filmen war zu sehen, u.a. im „Hauptmann von Köpenick", „Raub der Sabinerinnen" und „Feuerzangenbowle". Kurz vor seinem 65. Geburtstag stirbt der Schauspieler am 6. Februar 1947.

Neben dem Ehrenmal für die Gefallenen in den beiden Weltkriegen finden sich auf dem Friedhof auch Gedenktafeln für alle in Lichtenrade bekannt gewordenen Opfer des Nationalsozialismus. Dazu gehört auch eine Gedenktafel für die Zwangsarbeiter, die in den Lichtenrader Lagern gestorben sind.

Ein Lager gibt es von 1941 bis 1945 zwischen der Würzburger und der Bayerischen Straße (heute teilweise Bornhagenweg): das Arbeitslager des KZ Sachsenhausen für vorwiegend sowjetische Kriegsgefangene. In neun Baracken leben zwischen 450 und 500 meist politische Häftlinge unter unmenschlichen Bedingungen und müssen

Ehrenmal auf dem Lichtenrader Friedhof

Hermione von Preuschen vor ihrer Villa Tempio Hermione, Jahr unbekannt

vor allem in der Landwirtschaft arbeiten. Viele haben die Tortur nicht überlebt. Ihnen zu Ehren wird 1987 am Bornhagenweg ein Mahnmal aus Granit und Marmor errichtet, aus dem eine Bahnschiene in den Himmel ragt.

FEMME FATALE IN DER PRINZESSINNENSTRASSE

Einen Fuß auf der Weltkugel, den Säbel in der einen Hand, die andere am Thron und den samtroten Mantel mit dem weißen Hermelinbesatz um die Schultern – so lassen sich kaiserliche Regenten gerne darstellen. Doch das, was die junge Malerin Hermione von Preuschen 1887 unter dem Titel „Mors Imperator" malt, geht weit über die Grenzen hinaus. Hat sie den Kaiser doch als Skelett mit maliziös grinsendem Totenkopf dargestellt, das den Thron ins Wanken bringt – vermutlich eine Anspielung auf den damaligen 91-jährigen Kaiser Wilhelm I. Der Vorstand der Berliner Kunstausstellung ist not amused und weist das Werk ab, eine Anzeige wegen Majestätsbeleidigung folgt. Das ficht die streitbare Malerin nicht an. Sie stellt das umstrittene Gemälde einfach selbst aus – und erntet großen Erfolg.

Was andere über sie denken, interessiert Hermione nicht. Mit 15 Jahren hat sie die Malerei erlernt, mit 18 Europa bereist und in München ein eigenes Atelier eröffnet. Studieren und wählen durften Frauen damals noch nicht – 1896 für die Künstlerin Anlass für eine kämpferische Rede beim „Internationalen Kongress für Frauenwerke und Frauenbestrebungen". Mit ihrem ersten Ehemann lebt sie in Italien und Berlin, doch die Ehe ist unglücklich und wird geschieden. Nach dem Tod des zweiten Ehemanns, auch mit ihm hat sie in Italien gelebt, kehrt sie 1908 nach Berlin zurück und kauft in der Prinzessinnenstraße eine Villa, die sie „Tempio Hermione" nennt.

Dort gibt sie rauschende Feste und lädt zu Ausstellungen ein, zu der die gesamte Berliner Gesellschaft gerne kommt. Hier malt und schreibt sie, von hier aus reist sie immer wieder nach Asien und Afrika. Was es bedeutet, als Frau um die vorletzte Jahrhundertwende zu leben, beschreibt sie eindrucksvoll in ihren Memoiren *Der Roman meines Lebens*. Mit 64 Jahren stirbt die Malerin und Dichterin 1918 in Lichtenrade, ein Jahr bevor das Wahlrecht für Frauen eingeführt wird und Frauen studieren dürfen. 90 Jahre nach ihrem Tod wird der Hohenzollernplatz, ganz in der Nähe der Prinzessinnenstraße, in Hermione-von-Preuschen-Platz umbenannt. Heute befindet sich ein Teil ihres Nachlasses im Archiv des Vereins Berliner Künstlerinnen, einige Landschaftsgemälde und Fotografien im Archiv zur Geschichte von Tempelhof und Schöneberg. Wo das aufsehenerregende Gemälde „Mors Imperator" abgeblieben ist, ist leider unbekannt. An Hermione von Preuschen aber kann man sich tagtäglich am gleichnamigen Platz erinnern.

HOPFEN UND MALZ, GOTT ERHALT'S

Um den Menschen im Schöneberger Kiez den typischen Malzgeruch zu ersparen, lässt die Schloßbrauerei Schöneberg ihre neue Mälzerei zwischen 1887 und 1890 weit vor den Toren Berlins, in der Lichtenrader Steinstraße bauen. Das fünfstöckige Bauwerk, das

Alte Mälzerei in der Steinstraße

einzige Lichtenrader Industriegebäude aus dem 19. Jahrhundert, erinnert stark an die hanseatischen Speicherhäuser, ein „wuchtiges Backsteingebäude, das mit gliedernden Putzflächen und Wappen-feldern, den hohen geschweiften Giebeln, den Giebeleinfassungen aus Sandstein und einem schiefergedeckten Dach der norddeut-schen Renaissance nachempfunden ist."[48] An der Westseite des Haupthauses ragen die Schornsteine 35 Meter hoch, nebenan ste-hen Kessel- und Maschinenhaus.

Ein weiterer, entscheidender Grund für den Standort Lichtenrade ist die Eisenbahn, die seit ein paar Jahren durch den Ort führt. Mit einem eigenen Gleisanschluss ist die Brauerei der Konkurrenz weit überlegen. Und auch das neuartige Malzverfahren von Nikolaus Galland, das in Lichtenrade zum ersten Mal eingesetzt wird, sorgt für steigenden Umsatz. Bis dahin keimt die Gerste auf der Tenne, jetzt werden rotierende Keimtrommeln eingesetzt, in denen das Korn mit feuchter, temperierter Luft benebelt wird, um den Kei-mungsprozess zu beschleunigen. Durch alle Geschosse zieht sich die riesige Darranlage, auf der das Malz geröstet wird. Bis zu 60.000 Zentner Malz werden so pro Jahr hergestellt, täglich verlassen bis zu 28 Waggons das Gelände. Das ist der Beginn der industriellen Bierherstellung. Und der gebraute Gerstensaft wird auch nebenan im Haus Buhr verkauft. Das Wirtshaus mit Garten und Tanzsaal ge-hört der Schlossbrauerei.

Doch nach dem Ersten Weltkrieg ist Schluss mit Brauen, die Gerste ist rationiert, die Mälzerei wird geschlossen. Einige Gebäude werden an die Konkurrenz verkauft, andere abgerissen. Ab 1933 nutzt die Wehrmacht das Haupthaus bis zum Kriegsende als Le-bensmittellager. Nach der Berlin-Blockade lagert der Berliner Senat hier, wie an 199 anderen Stellen in West-Berlin, die Senatsreserve.

Haus Buhr steht seit 2011 unter Denkmalschutz, die Mälzerei seit 1984. Sie steht seit langem leer bzw. wird als Lager genutzt. Ihr Motto „Hopfen und Malz, Gott erhalt's" ist aber bis heute gut an der Frontseite zum Bahnhof zu lesen.

Auch die Feuerwehr, gegründet 1906, hat etwas von der Mälzerei. Vier Jahre lang werden die Männer mit dem Blashorn zum Einsatz gerufen, doch bis das Signal bei allen ankommt, dauert es. Damit es

schneller „Wasser marsch" hei-
ßen kann, stellt die Mälzerei der
Truppe 1910 eine maschinenbe-
triebene Sirene zur Verfügung,
die weithin hörbar ist. Heute
wird mit elektronischen Sirenen
gewarnt, natürlich auch bei der
Freiwilligen Feuerwehr in Lichtenrade, deren Wache sich seit
1986 im Domstift 22 befindet –
Rücken an Rücken mit der alten
Feuerwache.

Der Schrei, Skulptur von Jürgen Goertz, vor der Feuerwache

Vor dem „neuen" Feuerwehr-
haus steht auch „Der Schrei", ein
sehenswertes Werk des Bildhauers Jürgen Goertz. Mit angstge-
weiteten Augen und einer Hand
vor dem verzerrten Gesicht
blickt die Bronzeskulptur Hilfe
suchend in den Himmel. Ist es
die Furcht vor dem Feuer, das
Entsetzen vor den züngelnden Flammen? Oder ist es Absicht, damit
der Feuerteufel gar nicht erst zum Zuge kommt?

GLAUBE, LIEBE, HOFFNUNG

Am Pfarrer-Lütkehaus-Platz fällt das rotgeklinkerte Gebäude
mit dem grünschimmernden Zwiebelturm schon von weitem auf.
Schnörkellos, geradezu sachlich ist die katholische Salvatorkirche
gebaut worden, nur an einigen Stellen gibt es Anleihen an westfäli-
sche und süddeutsche Barockarchitektur. Entstanden ist das heute
denkmalgeschützte Ensemble nach einer Idee des Schöneberger
Pfarrers Theodor Grabe, der Anfang des 20. Jahrhunderts in Lichtenrade ein Säuglings- und Kinderheim mit angeschlossener Kirche
und Pfarrhaus errichten will.

Christen, Seeleute und Autofahrer kennen den Heiligen Christophorus als Helfer in der Not. Er beschützt die, die an ihn glauben, vor

In sich ruhend:
die katholische Salvatorkirche

Krankheit und unvorbereitetem Tod. Christophorus, der der Sage nach das Christuskind durch einen Fluss getragen haben soll, ist auch der Patron des ehemaligen Kinderkrankenhauses in der Briesingstraße. Nach dreijähriger Bauzeit wird das Krankenhaus 1933 eröffnet und von den *Schwestern von der Barmherzigkeit* geführt.

Ihr Orden wird von einer amerikanischen Stiftung finanziell unterstützt, das Hospital wird nach damals modernsten Standards eingerichtet und ist gut mit Medikamenten ausgerüstet. Die meisten der kleinen Patienten leiden an Infektionskrankheiten wie Tuberkulose, Diphtherie oder Kinderlähmung. Alle Krankenzimmer sind nach Süden ausgerichtet, damit Licht, Luft und Sonne hereinkommen. Die Zimmertüren im mittleren Südflügel und die Terrassenbrüstungen sind verglast, so dass die kranken Kinder aus dem Bett ins Grüne gucken können. Und auf der Terrasse im dritten Stock, die über die gesamte Breite des Hauses geht, können sich die Genesenden an der frischen Luft erholen. Behandlungs- und Untersuchungszimmer sind im Ostflügel untergebracht.[49]

Nach dem Zweiten Weltkrieg spezialisiert sich das Christophorus auf Frühgeborene und Risikosäuglinge und wird in den 1960er-Jahren zu einem führenden Kinderkrankenhaus in Europa. Doch als zu

Früher Kinderkrankenhaus, heute Bürgerzentrum

Beginn der 1990er-Jahre die Bettenzahl reduziert und gleichzeitig im St. Joseph-Krankenhaus in Tempelhof eine moderne Station für Schwangere und Neugeborene eröffnet wird, sind die Tage des Lichtenrader Kinderkrankenhauses gezählt. Am 1. Juni 1995, nach 62 Jahren, wird es geschlossen.

Seit 2002 ist das denkmalgeschützte Haus ein lebendiges Zentrum mit Bürgeramt und Stadtteilbibliothek. Der steinerne Christophorus über dem Eingang wacht bis heute über die Menschen, die hier kommen und gehen.

HAUS SALEM: SIE HAT AUF GOTT VERTRAUT

Cäcilie Petersen ist gerade mal 18 Jahre alt, als sie sich für Jesus Christus entscheidet und als Rote-Kreuz-Schwester ausbilden lässt. Eine Frau „voller Tatkraft, Gründungsideen und mit großem Durchhaltevermögen" sei sie gewesen, heißt es über die gebürtige Schleswigerin, die sich Anfang des 20. Jahrhunderts von Gott berufen fühlte, in Lichtenrade ein Mutterhaus der Diakonissen zu gründen. Warum es ausgerechnet Lichtenrade war, ist nicht überliefert, aber am 27. März 1906 wurde Haus Salem an der Rohrbachstraße eingeweiht.

Diakonissenhaus Salem

In unmittelbarer Nähe wird ein „Zufluchtsheim" für gefährdete „Fürsorgemädchen" errichtet, ein Jahr später kommt das Haus "Emmaus" hinzu, ein Altersheim für alleinstehende Damen, später auch für ältere Diakonissen.

Wer im Haus Salem arbeiten will, muss damals strenge Aufnahmekriterien erfüllen: „Willkommen sind gesunde, bildungsfähige, unbescholtene Jungfrauen und alleinstehende Frauen aller Stände im Alter von 18 bis 32 Jahren, die durch Buße und Glauben zum Heiland bekehrt sind, zu dienen dem lebendigen Gott..."[50]

Zu Beginn arbeiten hier 70 Schwestern, nach Ende des Zweiten Weltkriegs sind es mehr als 700. Sie sind in der Gemeinde und in Krankenhäusern tätig, in der Säuglingspflege und in Kinderschulen, in Alters- und Erholungsheimen, in der Seelsorge, Jugend- und Privatkrankenpflege. 1960 wird die Leitung nach Bad Gandersheim verlegt. 1988 wird das Diakonissenhaus geschlossen. Das Mutterhaus beherbergt heute die Hortbetreuung der Käthe-Kollwitz-Schule und einen Kindergarten. Die anderen Gebäude werden verkauft. Cäcilie Petersen, die 1935 mit 75 Jahren in Niendorf an der Ostsee stirbt, ist auf dem evangelischen Friedhof in Lichtenrade beerdigt.

KIRCHE ZU DEN HEILIGEN MÄRTYRERN VON AFRIKA

Etwas verwittert, ziemlich verlassen und zwischen den Eigenheimen und kleinen Einfamilienhäusern beeindruckend steht die katholische Kirche *Zu den heiligen Märtyrern von Afrika* in der Schwebelstraße. Sie fällt auf: durch ihren Namen, der 22 katholischen Märtyrern in Uganda gewidmet ist, die 1886 wegen ihres Glaubens auf dem Scheiterhaufen verbrannt wurden, und durch ihre Architektur. Auf dem quadratischen Flachbau sitzt eine kegelförmige Aluminiumkuppel, innen sind die Bänke kreisförmig um eine erhöhte Altarinsel angeordnet. Der Sakralbau von 1976 steht inzwischen unter Denkmalschutz. 2004 fusionierte die Kuratie mit der Salvatorpfarrei, so dass es heute nur noch die katholische Kirchengemeinde Salvator gibt.

DIETRICH-BONHOEFFER-KIRCHE

Auch in der evangelischen Kirchengemeinde gibt es einen interessanten Kirchenbau zu besichtigen. 1956 wird im Rackebüller Weg ein Flüchtlingsseelsorge- und Gemeindezentrum gebaut. Es ist vor allem für die 1.500 Aussiedler gedacht, die sich in der Siedlung „Neue Heimat" an der Grimmstraße niederlassen. Das noch namenlose Haus „bildet mit seinem Kirchenraum, verschiedenen kleineren Sälen und einer Schwesternstation eine kleine Welt für sich. Hier sollen sich nicht nur alt und jung bei den verschiedenen Gemeindeveranstaltungen treffen, sondern er soll auch eine Kontaktstelle für unsere Umsiedler und Flüchtlinge bilden."[51] Zwei Jahre später wird der Stahlfachwerkturm für die drei Bronzeglocken

Dietrich-Bonhoeffer-Kirche im Rackebüller Weg

errichtet. Doch es wird zwei weitere Jahre dauern, bis die Gemeinde einen Namen für ihr neues Zentrum gefunden hat. Am 29. Mai 1960 wird es auf den Namen Dietrich-Bonhoeffer-Kirche „getauft".

SUPPENKÜCHE LICHTENRADE

Der 4. September 2015 ist ihr Tag: Die Suppenküche Lichtenrade wird zehn Jahre alt. So schön dieser Geburtstag ist, stimmt es doch nachdenklich, dass öffentliche Essensausgaben immer mehr Zulauf haben. Vor allem in einem Bezirk wie Lichtenrade, wo die Kaufkraft der Bevölkerung im oberen Drittel aller Berliner Bezirke liegt.

Viele Menschen, die mit weniger als 979 Euro netto im Monat auskommen müssen und deshalb armutsgefährdet sind, können sich keine tägliche warme Mahlzeit mehr leisten. In der Lichtenrader Suppenküche bekommen alle „ohne Ansehen der Person, des Alters oder der Herkunft und Religion" kostenlos und ohne Nachweis etwas zu essen."

Nach der Idee des evangelischen Seelsorgers Ernst-Ludwig Koch wird der Verein Suppenküche Lichtenrade e.V. gegründet. Am 4. September 2005 steht man zum ersten Mal hinter dem Kochtopf und verteilt Suppe. Damals kommen nur zehn Hungrige, heute sind es jeden Sonntag bis zu 150 Menschen, die im Nachbarschafts- und Familienzentrum in der Finchleystraße mit Eintopf und Obstsalat versorgt werden. Tendenz steigend.

Mehr als 50 Ehrenamtliche sind in dem Projekt aktiv, und die achten Klassen der Georg-Büchner-Oberschule machen ebenfalls mit und lernen dabei nicht nur Mitmenschlichkeit, sondern auch einen anderen Umgang mit Lebensmitteln kennen.

Doch in der Suppenküche gibt es mehr als nur die leibliche Nahrung. „Hier werden die Ehrenamtlichen zu Vertrauenspersonen und viele Besucher kommen mit ihren Sorgen und Fragen des Alltags", heißt es auf der Website des Vereins. Es werde überlegt, was man noch anbieten könne, z.B. Bewerbungstraining, Computerkurse, Erzählcafé, Musikproberäume und vieles mehr.

Dabei gehe es in erster Linie darum, die Gemeinschaft zu stärken und Möglichkeiten zum Austausch zu schaffen. Für dieses Engagement ist die Suppenküche Lichtenrade e.V. 2011 mit dem Ber-

liner Kulturpreis der B.Z. (Kategorie Publikumspreis) ausgezeichnet
worden.

SUCHTHILFE MIT KINDERN:
TANNENHOF BERLIN - BRANDENBURG

Grün ist es hier, sehr grün. Und still. Nur manchmal, wenn ein
Auto durch die Mozartstraße im Süden Lichtenrades fährt, hört man
das typische Holpern der Reifen auf Kopfsteinpflaster. Das zweigeschossige rote Backsteinhaus mit der Nummer 32-36 wirkt ein-
ladend mit seinem parkähnlichen Gelände. Hinter dem mit Efeu
bewachsenen Haus stehen Spielgeräte. Eichen, Buchen, Kiefern,
Sträucher und die große Wiese strahlen Ruhe und Idylle aus. Hier,
im Tannenhof, leben bis zu 40 suchtkranke Erwachsene. Im Kinder-
haus können 16 Kinder betreut werden, deren Eltern an der Sucht-
therapie teilnehmen.

1979 ist Deutschland Europas Heroinland Nr. 1, in West-Berlin
sterben im Verhältnis mehr Drogenabhängige als in New York. Aus
diesem Anlass gründet sich in der Mauerstadt der gemeinnützige
Verein „Drogenhilfe Tübingen in Berlin e.V." und eröffnet in einer
ehemaligen „privaten Irrenanstalt" in Lichtenrade die erste Sucht-
einrichtung West-Berlins. Noch ist es absolut unüblich, dass Kinder

Tannenhof Berlin-Brandenburg

suchtkranker Eltern mitgebracht und betreut werden, „obwohl die Beziehung zum eigenen Nachwuchs für Suchtkranke häufig ein zentraler Punkt im Leben der Eltern und damit wichtigste Motivation in der Therapie war und ist." 1982 wird zum ersten Mal eine „süchtige Mutter mit ihrem Kind im Tannenhof aufgenommen." 1983 wird die Kindergruppe offiziell anerkannt; denn es hat sich immer wieder gezeigt, dass die Erfolgsquote von Müttern und Vätern deutlich höher ist, wenn die Kinder mitbetreut werden. „Auch suchtkranke Schwangere werden aufgenommen, so dass auch immer wieder Neugeborene von den Tannenhof-Bewohner/-innen begrüßt werden."

Ein Teil des Erfolgskonzepts ist sicherlich sein ganzheitlicher Ansatz und die positiv zugewandte Grundhaltung gegenüber den Patientinnen und Patienten. „Wir sind überzeugt, dass sich jeder Mensch verändern und weiter entwickeln kann. Wir berücksichtigen das familiäre und soziale Umfeld sowie den Entstehungszusammenhang von Entwicklungshemmnissen, Erkrankungen und Belastungen", heißt es auf der Website des Vereins, der seit 2003 Tannenhof Berlin-Brandenburg e.V. heißt.

SANATORIUM BIRKENHAAG

Dem markanten rotgeklinkerten Doppeltor am Kirchhainer Damm 84-104 hat die Zeit nichts anhaben können. Seit mehr als 100 Jahren ist es der Eingang zu einem waldähnlichen Park. 1904 wird hier eine private „Irrenanstalt" für 40 Frauen und Männer eingerichtet. Nach dem Ersten Weltkrieg wird das Anwesen in eine Lungenheilstätte umgewandelt, in den 1970er-Jahren in eine Heilstätte für chronisch Kranke. Auch wenn das Gelände heute bebaut ist, die hohen Bäume von damals stehen immer noch und sind Zeugnis einer anderen Welt.

JUGENDARRESTANSTALT: ZUCHT UND UNGEHORSAM

Es klingt wie aus dem vergangenen Jahrhundert: Jugendarrest als Zuchtmittel, das „als Folge einer Jugendstraftat" vorgesehen ist. So steht es im Paragrafen 13 Absatz 2 Nummer 3 des Jugendgerichtsgesetzes. Heute bekommt der Heranwachsende im Arrest zwar mehr als Wasser, Brot und ein hartes Lager; wie früher aber soll das Ehrgefühl geweckt werden, er soll lernen, die Schwierigkeiten zu bewältigen, die ihn dazu gebracht haben, straffällig zu werden, schreibt der Gesetzgeber.

Juristisch gesehen steht der Jugendarrest zwischen „Erziehungsmaßregeln" (Sozialstunden, Trainingskurse, Verkehrsunterricht u.ä.) und „Jugendstrafe" (Freiheitsstrafe zwischen sechs Monaten und fünf Jahren). In Berlin sitzen die Jugendlichen ihre Strafe in der Jugendarrestanstalt in Lichtenrade ab, die bis 2012 noch Jugendvollzugsanstalt war. Auf dem Gelände der ehemaligen Untersuchungshaftanstalt am Kirchhainer Damm gibt es Platz für zehn weibliche und 50 männliche Arrestanten. So werden die jugendlichen Straftäter genannt, die maximal vier Wochen hierbleiben. Ab 2016 sollen auch Jugendliche aus Brandenburg aufgenommen werden.[52] Der Jugendarrest wurde 1940 eingeführt und drei Jahre später ins Reichsjugendgerichtsgesetz übernommen. Seitdem hat sich an den Vorschriften zur Verhängung nur wenig geändert.

S-BAHN FAHREN, SHOPPEN, SCHWIMMEN

Auf einmal wird es still. Nur ein Gong ertönt. Regelmäßig und immer wieder. Autos bleiben stehen, Motoren werden ausgestellt. Mitten auf der Bahnhofstraße senkt sich die Bahnschranke. Wer hier wohnt, kennt das; denn alle zehn Minuten fährt hier eine S-Bahn der Linie 2 durch, Richtung Blankenfelde oder Bernau. Und dann steht der übrige Verkehr eben still.

Den Haltepunkt an der Dresdener Eisenbahn gibt es seit 1883, das zweistöckige Bahnhofsgebäude aus gelbem Backstein, das heute unter Denkmalschutz steht, wurde 1892 gebaut. „Im Erdgeschoss [...] waren die Dienst- und Abfertigungsräume untergebracht, im Obergeschoss wohnte der Bahnhofsvorsteher."[53]

Nur knapp 1.000 Meter lang ist die Bahnhofstraße und doch DIE Straße in Lichtenrade. Hier wechseln sich kleine Geschäfte mit Kettenfilialen und Wohnhäusern ab. Besonders hübsch ist die Ladenzeile zwischen Briesingstraße und Zescher Straße. Die großen Schaufenster des durchgehenden Flachbaus versprühen mit ihrem 60er-Jahre-Charme durchaus etwas Besonderes. Und so viele un-

Schiene, Straße, S-Bahn
mitten in Lichtenrade

terschiedliche Läden findet man auch nicht überall: Neben dem Konfitürenladen gibt es das Eiscafé Moin Moin, Tiedtkes Lederwaren, Gardinen Richter. Auf der anderen Straßenseite lädt die einzige Buchhandlung Lichtenrades zum Stöbern ein.

Mit Iris Hoffmann bin ich im Kleinen Kaffeehaus verabredet. Der Name hält, was er verspricht. Das Café, das im Sommer 2014 eröffnet hat, hat nur acht Tische, aber hervorragenden Cappuccino, Espresso, Mokka, Milchkaffee. Und selbstgemachte Torten. Cupcakes. Petits Fours. Macarons. Also so ziemlich alles, was das süße Herz begehrt.

Iris Hoffmann habe ich über eine der vielen Tempelhofer Ecken kennen gelernt. Ein Freund meines Sohnes hat eine beste Freundin, die die Tochter von Iris Hoffmann ist. Sie kennen Iris Hoffmann nicht? Den Namen Zscherpe aber haben viele von Ihnen, die sich für Schwimmsport interessieren, sicherlich schon gehört. Iris Hoffmann, geborene Zscherpe, gewinnt mit 17 Jahren ihre erste Olympische Medaille, Bronze, 1984 in Los Angeles mit der Schwimmstaffel über 4 × 100 Meter Freistil. Zu dem Zeitpunkt ist sie schon zwei Jahre in der Nationalmannschaft und bereits erfolgreiche Teilnehmerin der Schwimmeuropameisterschaften.

Dafür hat sie viel und intensiv gearbeitet. „Ich bin schon als Schülerin zwei, drei Mal pro Woche vor der Schule schwimmen gegangen. Und nachmittags noch mal, im Durchschnitt um die zehn

Ladenzeile in der Bahnhofstraße

Kilometer pro Tag, sechs Mal die Woche. Je nachdem, ob ich Ausdauer trainiert habe oder auf Schnelligkeit schwimmen musste."

1985 und 1986 wird die Schwimmsprinterin zur Berliner Sportlerin des Jahres gekürt. Da hat sie gerade Abitur gemacht und muss sich entscheiden, wie es weitergehen soll. Über den Landessportbund bekommt sie einen Job, bei dem sie genügend Zeit hat, weiter zu trainieren. Doch um weiter auf der Erfolgsspur zu schwimmen, müsste die junge Frau den Trainer wechseln. „Und ich hätte von Berlin weggehen müssen, das wollte ich nicht." Stattdessen fliegt sie ins Schwimmtrainingslager auf die Jungferninseln in der Karibik. Dort lernt sie ihren Mann, einen Hamburger Schwimmer, kennen und lieben. Zurück in Berlin macht Iris Hoffmann beim Axel-Springer-Verlag eine Ausbildung zur Verlagskauffrau und zieht sich aus der Nationalmannschaft zurück. Schwimmen geht sie heute noch. „Nur noch zum Ausgleich, nicht mehr um Meter zu machen", sagt sie mit einem strahlenden Lächeln. „Das Kombibad in Mariendorf mag ich, denn dort kann man die Brücke so verstellen, dass man entweder zweimal 25 oder eine 50-Meter-Bahn hat." Aber ich finde es schade, dass die Schwimmzeiten für Nichtvereinsmitglieder dort sehr eingeschränkt sind."

2010 ist die heute 48-Jährige mit ihrer Familie aus Tempelhof in ein kleines Haus nach Lichtenrade gezogen. Und hat dort ihren

Iris Hoffmann, ehemalige Olympia-Schwimmerin

Lieblingsplatz gefunden: „Mein Garten. Davon habe ich schon als Kind geträumt." Wenn Iris Hoffmann unterwegs ist, fährt sie gerne mit dem Rad, zum Beispiel in die Bahnhofstraße oder über den Lichtenrader Damm Richtung Mariendorf. Auch sind die Hoffmanns mal zu Fuß unterwegs, zum Beispiel entlang des Mauerwegs.

UNSER DORF SOLL SCHÖNER WERDEN

Das ist 1980 der Traum einiger Geschäftsleute aus Lichtenrade und Umgebung, als sie sich zur Aktionsgemeinschaft Bahnhofstraße e.V. zusammenschließen, um ihre Straße schöner und bekannter zu machen. Auf ihre Initiative gehen zahlreiche Feste zurück, zum Beispiel der Maientanz im Frühjahr, das Wein- und Winzerfest im September und der Lichtenrader Weihnachtsmarkt. Partner der AG Bahnhofstraße sind: family&friends e.V., der Bundestagsabgeordnete Dr. Jan-Marco Luzcak, die Bezirksvorsteherin Petra Dittmeyer, das Heeresmusikkorps Neubrandenburg, die Künstlergemeinschaft Lichtpunkt 49, der Lichtenrader Volkspark e.V. und die Bürgerinitiative Dresdner Bahn.

Das Wein- und Winzerfest gibt es bereits seit 1987 – und dabei geht es nicht nur um Wein, sondern auch um jede Menge Musik, Kunst und Handwerk. Der Maientanz im Frühjahr ist der Nachfolger des Baumblütenfests, das Hermann Wundrich 1955 ins Lichtenrader Leben gerufen hat. 14 Tage lang habe man damals rund um den Dorfteich gefeiert, mit Karussells, Musikkapellen, Blütenkönigin und Feuerwerk, schreiben die Akteure auf ihre Website. „Eigens für dieses Fest wurde ein Obstwein kreiert, die Lichtenrader Spätlese."[54]

Und es gibt noch eine zweite Initiative, die sich um das Lichtenrader Zentrum kümmert: Im Bürgerforum Zukunft Lichtenrade e.V. treffen sich Vereine, Initiativen und Netzwerke, z.B. die Ökumenische Umweltgruppe Lichtenrade, das Unternehmer-Netzwerk Lichtenrade e.V., der Grundeigentümerverein Berlin-Lichtenrade e.V., die Händlerinitiative Bahnhofstraße, Jazz für alle e.V. und andere Kulturschaffende aus Lichtenrade, der Tennisclub Weiß-Gelb Lichtenrade e.V., der Lichtenrader BC 25 e.V. und der VfL Lichtenrade 1894 e.V.

Die noch junge Bürgervertretung ist seit 2013 aktiv und hat ein klares Ziel: „Lichtenrade soll schöner, besser und lebenswerter werden".[55] Mit dem Modefrühstück und dem Wochenmarkt hat sie schon einiges auf die Beine gestellt. Gemeinsam mit der Händlerinitiative Bahnhofstraße hat das Bürgerforum 2014 im Berliner „Standort-Zukunft"-Wettbewerb gewonnen. Die Bahnhofstraße soll „zu einer Flaniermeile mit besonderem Flair" umgestaltet werden. Einkaufen soll barrierefrei werden, ohne Treppen steigen zu müssen, und wenn es nur eine Stufe ist. Und auch den Verkehr will das Netzwerk neu organisieren: Fußgänger_innen, Radfahrer_innen und Autofahrer_innen, ÖPNV und Lieferverkehr sollen den öffentlichen Raum gleichberechtigt nutzen. Man darf gespannt sein.

Die S-Bahn ist durch, der Gong ertönt, die Motoren werden angelassen. Die Schranke hebt sich, der Durchgangsverkehr kann wieder fließen.

Wein- und Winzerfest Lichtenrade

OBERLECKER? OBERGFELL!

In seinem Buch *Gebrauchsanweisung für Berlin* schwärmt Jakob Hein von einer Bäckerei in Lichtenrade, „in der man Brot, Brötchen und Kuchen kaufen kann." Den Namen dieser legendären Bäckerei will er partout nicht verraten, aber ich bin sicher, es handelt sich um die Brötchen der Bäckerei Obergfell am Lichtenrader Damm 36: in der eigenen Backstube handgebacken, mit knusprigen Biss und typischem Geschmack. Seit 50 Jahren am Werk, steht inzwischen die dritte Generation der Familie am Backofen, am Verkaufstresen und auf dem Wochenmarkt. „Feine Konditor- und Backwaren [werden] immer noch mit viel Liebe und traditionell überlieferten Rezepten unserer Familie hergestellt."

Und als ob sie noch nicht genug zu tun hätten, legen die Obergfells noch etwas drauf. Zu Bäckerei und Café kommt 1992 noch ein kleines, apartes Hotel mit 18 Zimmern, Cocktailbar und Friseur.

Ob ich das Brötchengeheimnis doch nicht hätte verraten sollen? Wenn erst jeder kommt, ist es vorbei mit dem Geheimtipp. Oder um mit Jakob Hein zu sprechen: „Ihren Namen zu nennen verbietet sich an dieser Stelle, allein schon weil ich dort nicht noch länger als bisher anstehen möchte."[56]

Café Obergfell
Alt-Lichtenrade

EIN MANN DER REKORDE – UND DAS IST AUCH GUT SO

Klaus Wowereit,
gebürtiger Lichtenrader

Kein Geheimnis ist, dass Klaus Wowereit, der ehemalige Regierende Bürgermeister, gebürtiger Lichtenrader ist. Geboren 1953, wächst er als jüngstes von fünf Kinder bei seiner Mutter Hertha im Berliner Süden auf. Schon früh fängt er mit der Politik an, tritt mit 19 Jahren in die SPD ein und macht dort schnell Karriere. Mit 26 Jahren wird der Jurist Mitglied der Bezirksverordnetenversammlung Tempelhof und fünf Jahre später zum Bezirksstadtrat für Volksbildung und Kultur gewählt – mit 31 Jahren der jüngste Stadtrat Berlins.

1995 zieht Wowereit ins Abgeordnetenhaus ein, wo er erst Stellvertreter, dann Fraktionsvorsitzender seiner Partei wird – und schließlich Regierender Bürgermeister. Auch wenn er mit seiner Politik manchen auf die Füße tritt und sich mit Sprüchen wie „Berlin ist arm, aber sexy" nicht nur Freunde macht, holt er mit seiner Partei bei den vorgezogenen Neuwahlen 2001 so viele Stimmen, dass die SPD nach 30 Jahren erstmals wieder stärkste Kraft wird – und Wowereit Regierender Bürgermeister bleibt. Er ist eben nicht nur der Partymann, der Sekt aus Schuhen schlürft (eine Erfindung der Medien, schreibt er 2007 in seinem Buch *und das ist auch gut so. Mein Leben für die Politik*.), sondern vor allem Fachpolitiker und Berlins oberster Repräsentant.

Als er 2014 sein Amt als Regierender Bürgermeister aufgibt, ist Klaus Wowereit nach 13-jähriger Amtszeit der dienstälteste Regierungschef eines deutschen Bundeslandes. Und wechselt von der Politik in die Wirtschaft, als ehrenamtlicher Botschafter für den Verein Berliner Kaufleute und Industrieller (VBKI).

In Lichtenrade lebt er übrigens schon seit zehn Jahren nicht mehr.

SCHREIBEN IM KIEZ

„Brüchig, Rolltreppe, Pralinen, Hosianna, grün-violett gestreift, Brille, Piercing." Aus diesen sieben Begriffen eine runde Geschichte zu machen, ist auch für die Autorinnen und Autoren von *Literatur in Tempelhof (LIT)* eine interessante Übung. Vor 25 Jahren haben sie sich an der Volkshochschule kennengelernt, eine eigene Schreibgruppe gegründet und sind auch heute noch mit spitzer Feder und geschliffenen Worten dabei. Regelmäßig kommen sie zusammen, um sich ihre neuen Texte vorzustellen. Konstruktive Kritik gehört dazu und aufmunternde Unterstützung, wenn das eigene Werk zum Autorenwettbewerb oder für eine Lesung eingereicht wird. Eingeweihte haben LIT bestimmt schon beim Tempelhofer Frauenmärz oder im Tempelhofer Kunst- und Kulturverein gehört. Das Spektrum reicht von Gedichten über Science-Fiction bis zu Kurzgeschichten, und sie sind offen für neue Themen und neue Mitglieder.

Auch Thomas Moser schreibt. Auf www.lichtenrade-berlin.de. Und das schon seit zehn Jahren. Der Name ist Programm, denn hier steht Lichtenrade im Mittelpunkt und ist kein Hauptstadt-Anhängsel. Seit Februar 2005 berichtet Moser regelmäßig über aktuelle Veranstaltungen und historische Themen aus seinem Kiez. Die Internetzeitung sei „eine Art Liebeserklärung an Lichtenrade" heißt es auf seiner Website. Doch nicht nur online ist Moser aktiv; 2008 ist er treibende Kraft bei der Umbenennung des Hohenzollernplatz in Hermione-von-Preuschen-Platz. Hauptberuflich arbeitet der 58-Jährige im Jugendamt des Bezirks, außerdem ist er als Kiezreporter der *Berliner Morgenpost* unterwegs und betreibt einen Pressedienst aus Lichtenrade.

VOM OFFIZIERSKLUB ZUM JUGENDFREIZEITHEIM

Auf seinem Onlineportal hat Moser auch über den Lortzingclub geschrieben. Das Haus in der Lortzingstraße 16 habe Bauunternehmer Bartels 1936 mit Materialien errichtet, die er vom Autobahnbau abgezweigt habe.

Ob diese Anekdote wirklich stimmt, ist nicht überliefert. Klar ist aber, dass die Russen direkt nach dem Krieg ein Jugendheim in dem Gebäude eröffnen. Als die Zuständigkeit für Lichtenrade an die

Jugendfreizeitheim Lortzingclub

amerikanischen Alliierten übergeht, wird die Villa am Stadtrand für kurze Zeit ein Offiziersklub. Aber vielleicht ist das den Militärs doch ein wenig zu abgelegen, denn schon wenige Monate später kommen Oberst Meier und Oberst Müller, waschechte Amerikaner, machen aus dem Club wieder ein Jugendheim und nennen das Ganze „German Youth Activities" (GYA) - ein wahres Paradies für die Lichtenrader Jugend, denn hier gibt es einen eigenen Swimmingpool.

Der bleibt auch erhalten, als das Bezirksamt Tempelhof die Einrichtung 1953 übernimmt. Damals besuchen jeden Monat rund 3.000 Jugendliche das Freizeitheim. Hier können sie mit Holz und Metall arbeiten, Basketball spielen, fotografieren, nähen und Musik machen. Heute ist der Lortzingclub, wie die Einrichtung seit 2004 heißt, ein Kinder- und Jugendfreizeittreff und Abenteuerspielplatz.

OH HAPPY DAY

Am Vorabend des dritten Advents ist die Lichtenrader Dorfkirche bis auf den letzten Platz gefüllt. Eng gedrängt sitzt das Publikum in den Bankreihen, auf den Stühlen an der Wand, auf der Empore. Über dem Keyboard auf der linken Seite hängt der Adventskranz mit zwei brennenden Kerzen. Auf dem schlichten Steinaltar liegt die aufgeschlagene Bibel, die Gotteskerze ist angezündet, im Hintergrund strahlt das Kreuz. Gespannt wispern die Besucherinnen und Besucher miteinander, Kinder huschen durch den Gang, der Gitarrist schlägt probehalber einen Ton an.

Dann endlich kommen sie, die 40 Sängerinnen und Sänger des Lichtenrader Gospelchors. Und mit ihnen Juliane Lahner, die den Chor seit 2013 leitet.

Seit gut zehn Jahren lebt Juliane Lahner mit ihrer Familie in Lichtenrade. Der Ort ist für die gebürtige Karlshorsterin „ein liebevolles, eigenwilliges Fleckchen Dorf. Hier halten alle sehr zusammen. Wenn man sich drauf einlässt, dann kann man sich hier wohlfühlen."

Juliane Lahner ist auf vielen Bühnen zu Hause. Als Julie Sue in der Rockabillyszene, mit einem Jazztrio auf Festivals, in Clärchens Ballhaus swingt sie. Musik sei immer das Wichtigste gewesen, resümiert die Mutter von zwei Kindern, die direkt nach dem Abitur eine eigene Band hat, als Frontfrau in anderen Formationen singt und in ganz Deutschland auftritt.

Nur einmal habe es eine Zeit gegeben, in der sie davon nichts mehr hören und singen wollte. Nachdem sie im Jahr 2000 bei der

Lichtenrader Gospelchor

ersten Popstars-Staffel von RTL nicht gewonnen hatte. Sie sei zwar ziemlich weit gekommen, aber „das war für mich kein Erfolg, sondern Versagen auf der ganzen Linie. Ich habe ein Jahr nicht gesungen. Das einzige Jahr, seit ich sechs oder sieben war …"

Juliane Lahner, Chorleiterin

Heute ist die 35-Jährige froh über die Ablehnung. Denn statt Popsternchen zu werden, wird sie von einem Gospelchor aus Prenzlauer Berg für eine Tour nach New York gebucht – und findet zum Gesang zurück. Vor allem ein Gottesdienst in Harlem habe sie unglaublich beeindruckt: „Wenn sie am Sonntag in die Kirche gehen, ziehen die Leute ihr schönstes Kleid an, denn sie beten zu Gott. Sie singen und beten gemeinsam, sie weinen gemeinsam, sie klagen, sie schreien. Da ist soviel Energie um dich herum, das kannst du förmlich anfassen."

Seitdem bedeutet Gospel für Juliane Lahner weit mehr als nur Singen. „Gospel ist für mich der Weg zum Glauben." Deswegen lässt sie sich 2008 gemeinsam mit ihren Kindern in der Lichtenrader Dorfkirche taufen.

Damals gibt es den Gospelchor zwar schon, doch mit gerade mal zwölf Leuten singt er eher im Verborgenen. Seitdem Juliane Lahner den Takt ansagt, wächst er stetig. Heute treffen sich fast vier Mal so viele Sangeswillige zur wöchentlichen Probe – vom 18-jährigen Teamer aus der Kirchengemeinde bis zur 70-jährigen Witwe. „Mittlerweile ist der Gospelchor cool, weil er so lustig ist. Wir nehmen uns alle nicht so ernst, sondern haben Spaß." Das scheine auch den meisten Gottesdienstbesucherinnen und -besuchern zu gefallen, meint Juliane Lahner: „Ich habe das Gefühl, dass sie sich freuen, dass Leben in die Bude kommt. Und ich freue mich sehr, dass ich diese Energie, die ich in New York empfunden habe, weitergeben kann."

Das macht sie so mitreißend und beschwingt, dass der Chor inzwischen zur festen Größe geworden ist – egal, ob beim jährlichen Berlin-Brandenburger Gospelchortreffen, bei einer Bühnenshow im Tempodrom oder eben beim ausgebuchten Weihnachtskonzert in der Lichtenrader Dorfkirche.

Und wenn zwischen all diesen Auftritten noch Zeit bleibt, steht Juliane Lahner als Solosängerin auf der Bühne, zum Beispiel beim Jazzfest in der Barnetstraße. Das wird seit 2012 vom Verein *Jazz für alle* organisiert. In Zusammenarbeit mit der Akademie für Jazz und Popularmusik und der Leo-Kestenberg-Musikschule-Süd bietet der Verein monatliche Jazzlounges, Konzerte mit namhaften Musikern und Sessions, Riverboatshuffles und Jazzworkshops.

WEIHNACHTSBÄUME FÜR DEN VOLKSPARK

Berlin in den 1970er-Jahren. Die Stadt braucht, wie heute auch, mehr Wohnungen. Also wird in Lichtenrade-Ost eine Hochhaussiedlung gebaut. Haus um Haus, bloß an das Grün drumherum denkt man nicht. Wie gut, dass es eine Bürgerinitiative namens Bilo (Bürgerinitiative Lichtenrade Ost e.V.) gibt, die im September 1979 erfolgreich zu einer Pflanzaktion aufruft. Bürgerinnen und Bürger sollen nicht einfach einen geschlagenen Weihnachtsbaum kaufen, sondern einen mit Wurzelballen, der nach den Feiertagen wieder in die Erde kommt. Gesagt, gepflanzt: Viele Leute beteiligen sich an der Aktion und geben ihrem Baum eine neue Heimat auf dem Parkgelände zwischen Großziethener Straße, Im Domstift, Carl-Steffeck-Straße, dem Lichtenrader Graben und der Volkspark-Siedlung.

Die Bilo kämpft für einen Volkspark nach Mariendorfer Vorbild. Bei den Nachbarn im Norden gibt es den Park schon seit 1920. Zuerst sprechen sich die Vertreter der evangelischen Kirchengemeinde für eine große Grünfläche aus. Dann müssen Bezirks- und Landesvertreter überzeugt werden und schließlich die privaten Grundstückeigentümer, damit sie ihr Land zur Verfügung stellen. Bauer Lehne ist so einer, mit seinem Land und weiteren Flächen kommen einige zehntausend Quadratmeter zusammen. 1984 wird endlich ein erster Teilpachtvertrag unterzeichnet. Zwei Jahre später kauft Berlin der Kirchengemeinde weitere 30.000 Quadratmeter ab und stellt sie dem Trägerverein Lichtenrader Volkspark e.V., so heißt die Bürgerinitiative jetzt, 20 Jahre lang kostenlos zur Verfügung.

Doch im selben Jahr stirbt Bauer Lehne und seine Erben verkaufen sein Land, das anschließend bebaut wird. Der Verein sammelt weiter eifrig Spenden, damit der Park erhalten und gestaltet werden kann. Und es sind vor allem die Bayern, die den Preußen dabei unter die Arme greifen. Private Kontakte führen dazu, dass „neben vielen, vielen Pflanzen […] beinahe alle Bänke und Tische aus dem Patenschaftslandkreis Cham im Bayerischen Wald [stammen]." Jedes Jahr spenden die Chamer reichlich und schicken sogar regelmäßig einen Christbaum, der in der Weihnachtszeit vor dem Tempelhofer Rathaus steht. Im Gegenzug laden die Lichtenrader Jugend- und Sportgruppen aus dem Süden Deutschlands ein.

Heute ist der Volkspark sowohl im Flächennutzungs- als auch im Bebauungsplan als Grünfläche ausgewiesen. Hier wird nicht mehr gebaut. Im Gegenteil, die Ehrenamtler aus dem Verein hegen und pflegen ihren Volkspark bis heute und sind dafür schon mehrmals ausgezeichnet worden: 1998 mit dem 2. Platz beim Tempelhofer Umweltpreis und 2000 mit dem Bürgerpreis des Bezirks. Und weil sie so viele Ideen haben, werden immer wieder neue Projekte umgesetzt, zum Beispiel eine Kompostanlage, ein Biotop und

Lichtenrader Volkspark

die Wiederherstellung des Kinderspielplatzes. „Der Park bietet aber nicht nur Erholung für Menschen, sondern ist auch sehr arten- und strukturreich. Es werden bewusst Bereiche sich selbst überlassen, so dass dort ein bisschen „Wildnis" entstehen kann." 34 Jahre alt ist der Trägerverein Lichtenrader Volkspark e.V. inzwischen – und damit die wahrscheinlich älteste Bürgerinitiative Berlins, die einen öffentlichen Park anlegt, ihn unterhält und pflegt.[57]

RAUS AN DIE LUFT

Seine Geschichte ist ungewöhnlich. Denn dass es den Herthateich gibt, so wie er heute ist, verdanken wir der Umweltinitiative Teltower Platte. Eigentlich ist der Herthateich, der früher „Großer Ziethener Schafspfuhl" hieß, mehr als 10.000 Jahre alt. Damals, zum Ende der letzten Eiszeit, schmelzen die Gletscher nicht überall gleichmäßig. An manchen Stellen vermischt sich das Schmelzwasser mit Kies und Geröll, irgendwann sackt der Boden ab, es entsteht ein sogenanntes Toteisloch, das sich im Laufe der Zeit mit steigendem Grundwasser füllt. Der Müggelsee ist so ein Toteissee, der Klarensee im Tempelhofer Alten Park und eben auch der Herthateich.

Seine Lage, im Grenzgebiet zwischen West-Berlin und DDR, wird ihm mit dem Mauerbau zum Verhängnis, denn das gesamte Gelände wird zu Überwachungszwecken eingeebnet. 31 Jahre lang bleibt der Teich verschollen. Bis ihn die Teltower Platte 1992 wiederentdeckt. Nach viel bürokratischem Hin und Her zwischen Berlin und Brandenburg, das mehr als zwei Jahre dauert, gelingt es der Umweltinitiative, den See zu reaktivieren. Eine russische Planierraupe schiebt die Erdmassen zur Seite, die Lichtenrader Jugendfeuerwehr pumpt Wasser in den neuen Teich, der „nahezu die Form und Gestalt von einst" hat. Und doch dauert es noch mal zwei Jahre, bis der Tümpel im Sommer nicht mehr austrocknet.

Schneller geht es bei Fauna und Flora. Quasi im Zeitraffer kann man hier sehen, wie sich erst die Kräuter, dann die Sträucher ausbreiten und sich trockenrasentypische Pflanzen ansiedeln. Ein bunter Mischwald mit Stieleichen, Silberweiden und brandenburgischen Waldkiefern breitet sich aus. Heute sind auf dem Gelände mehr als 260 Kräuter-, Gräser-, Strauch- und Baumarten zu finden.

Auf dem Teich bezaubert die gelbe Seekanne, die im Sommer schon fast die Hälfte der Wasseroberfläche bedeckt, in der Luft schwirren Libellen, Wasserinsekten und Schmetterlinge. Dass sich die Vegetation so ausbreiten kann, kommt nicht von ungefähr: Das gesamte Gelände ist als geschütztes Biotop umzäunt, auf dem Pfad um den See kann man aber wunderbar spazieren gehen, Hunde allerdings sind nicht erlaubt.

Die Umweltinitiative Teltower Platte gibt es seit 1990. Ihre Projekte befinden sich vor allem im Berliner Süden, entlang des Mauerwegs und der Stadtgrenze. Anfangs war die Gruppe als Bür-

Herthateich: verwunschen schön

gerinitiative Regionalausschuß Berlin-Süd aktiv. Eine ihrer Aktionen ist die „Bepflanzung einer wiedereröffneten Straßenverbindung zwischen Berlin-Lichtenrade und Mahlow-Waldblick im Mai 1990."

AUF DIE PLÄTZE, FERTIG, LOS

Freizeit in Lichtenrade ist sehr vielfältig, und Sport spielt dabei eine große Rolle. Das Spektrum ist breit. In den Vereinen ist von Badminton bis Volleyball (fast) alles vertreten. Einige Vereine blicken auf eine lange Tradition zurück.

91 Jahre alt und nach eigenen Angaben einer der größten Reitvereine Berlins ist der Ländliche Reiterverein Lichtenrade. Seit 1924 können hier große und kleine Leute longieren, ihr Reitabzeichen machen, Dressur reiten und springen. Fünf Großpferde und sechs Ponys sind auf dem Gelände am Schichauweg zu Hause. In den Ferien gibt es Schnupperkurse für Kinder – satteln, putzen, trensen inklusive.

Seine Geschichte ist, wie so viele Fußballvereinsgeschichten, wechselhaft. Sehr wechselhaft. 1925 gegründet, dauert das erste Leben des Lichtenrader Ballspielclubs 25 e.V., wie er mit ganzem Namen heißt, gerade mal 20 Jahre. 1945 löst er sich auf und wird als Sportgruppe (SG) Lichtenrade neu gegründet. Das hilft dem Spiel aber auch nicht auf die Sprünge, für die neu gegründete Berliner Stadtliga kann sich der Verein nicht qualifizieren, benennt sich 1948 noch einmal um und tritt als VfL Lichtenrade an. Das funktioniert vier Jahre lang, bis die Fußballer 1952 austreten und den Lichtenrader Ballclub LBC 25 neu gründen. 16 Jahre wird es dauern, bis der Verein die Amateurliga erreicht und sich dort drei Jahre halten kann. Es folgt eine Saison in der Oberliga Berlin, ehe es wieder runtergeht. Bevor er 1990 als Torwart zu Hertha BSC wechselt, spielt Christian Fiedler acht Jahre beim LBC 25 und Abwehrspieler John Anthony Brooks ist als Junge hier regelmäßig auf dem Platz. In den kommenden Jahren spielt der Verein, immer mit Lust, Idealismus und großer Fan-Unterstützung mal eine Liga weiter oben, mal eine weiter unten. Dann die Überraschung: 2009/2010 schafft es der LBC 25 in die Oberliga Nordost. Die Freude währt nicht lange, zur Zeit wird in der Bezirksliga gekickt. Aber das sind ja nur die ersten 90 Jahre, da geht noch was.

Auch der Tennisclub Lichtenrade Weiß-Gelb kann im Jahr 2015 seinen 90. Geburtstag feiern. Zwei Anlagen hat der Traditionsverein mit insgesamt zwölf Asche- bzw. Kunstrasen- und fünf Hallenplätzen. Auf der großen Anlage im Franziusweg werden auch Wettkämpfe ausgetragen, immerhin spielen die TCL-Mannschaften in der Regionalliga Nord, der zweithöchsten Liga. Auf der kleineren Anlage in der Hohenzollerstraße schlagen vor allem die Nachwuchsspieler ihre Bälle übers Netz. Für Leute, die noch nie ein Racket in der Hand hatten oder für die, die ihren Aufschlag trainieren wollen, sind die Tenniscamps des TCL gedacht. Immer in der ersten und letzten Woche der Sommerferien können Anfänger und Fortgeschrittene Vor- und Rückhand üben.

Außerdem gibt es noch zwei Basketballvereine (Schulsportverein Lichtenrade e.V., VfL Lichtenrade 1894 e.V.), drei Fußballclubs (Freizeitfußballclub Lichtenrade-Ost e.V., FSG 49 Lichtenrader Füchse,

SV Adler Berlin 1950 e.V.), drei Leichtathletikvereine (Schulsport-verein Lichtenrade e.V., SSV Lichtenrade e.V., VfL Lichtenrade 1894 e.V.), Karate (Club Bunkai), Judo (Judo-Club Lichtenrade), Schach (SC Schwarz-Weiß Lichtenrade e.V.), Schießsport (Schützenverein Lichtenrade e.V.), Tischtennis (Lichtenrader SC 1973 e.V.), Minigolf (Bahnengolfzentrum Marienfelde) und ein unabhängiges Laufteam (Lichtenrader Löwen). Im Vfl 1894 kann man übrigens auch noch Badminton, Faustball und Volleyball spielen, Gymnastik, Herz- und Rehasport machen, Trampolin springen und turnen.

ZAHLENSPIELE

In Lichtenrade, dem südlichsten Ortsteil Tempelhofs, lebten Ende 2014 knapp 50.000 Menschen. Wie in ganz Berlin sind auch hier die Frauen etwas in der Überzahl (52,2 Prozent). 45 Prozent der Lichtenraderinnen und Lichtenrader sind verheiratet oder in einer Lebenspartnerschaft, ein gutes Drittel ist ledig. Mit 30,8 Prozent ist die Gruppe der 45- bis 65- Jährigen am größten, gefolgt von den über 65-Jährigen (27 Pro-zent). Zwischen 18 und 45 Jahre sind 26,5 Prozent; junge Menschen zwischen 0 und 18 Jahren gibt es hier knapp 8.000 (15,7 Prozent).

Verkehr
Immer unterwegs

Eine U-Bahn, vier S-Bahnlinien, zwölf Buslinien, vier Nacht-
busse, fünf Metrobusse und drei Schnellbusse: die Bilanz des ÖPNV
in Tempelhof kann sich sehen lassen. Und doch fehlt etwas, denn
wer in Lichtenrade oder Marienfelde wohnt, wohnt jwd. Janz weit
draußen. Will man in die Stadt, fährt man meistens nach Steglitz, oft
nach Neukölln und manchmal ins Hafenzentrum nach Tempelhof.
Gefahren wird mit dem Auto oder mit dem Bus. Denn die U-Bahn
verkehrt seit 1966 trotz anders lautender politischer Ansagen immer
noch nur bis Alt-Mariendorf.

Eingeweiht wird die Linie U6 im Jahr 1923. Damals fährt die
CII vom Halleschen Bahnhof (heute Hallesches Tor) zum Stettiner
Bahnhof (heute Naturkundemuseum) und ab 1926 auch Richtung
Süden: über die Belle-Alliance-Straße (heute Mehringdamm) bis
Kreuzberg (heute Platz der Luftbrücke), 1927 bis Flughafen (heute

Paradestraße) und 1929 bis Tempelhof. Alfred Grenander, ein schwedischer Hochbahn-Architekt, konstruiert die U-Bahnhöfe und entwickelt auch das Prinzip der Kennfarbe. Jede Linie hat ihre Farbe (die U6 ist von Anfang an violett), und jeder Bahnhof hat seine Farbe. Deswegen reicht geübten U-Bahnfahrern heute ein Blick aus den Augenwinkeln, um zu wissen, welche Station gerade angefahren wird. Der Blick im Bahnhof *Platz der Luftbrücke* ist imposant, denn die gewölbte Halle hat keine Stützen. Wer in einem der Zwischengeschosse steht, kann über 110 Meter Länge problemlos von einem Ausgang zum anderen blicken. Das gibt es in Berlin nur noch einmal: im Bahnhof Märkisches Museum. Und noch etwas macht den Platz der Luftbrücke besonders: Steigt man an der Nordseite aus, ist man in Kreuzberg, auf der Südseite in Tempelhof.

Erst 1966 wird die U-Bahn bis nach Alt-Mariendorf verlängert. Die fünf Bahnhöfe Alt-Tempelhof, Kaiserin-Augusta-Straße, Ullsteinstraße, Westphalweg und Alt-Mariendorf werden von Rainer G. Rümmler entworfen und unterscheiden sich sehr von den älteren Bahnhöfen. Für Rümmler ist der einzelne Bahnhof mehr Teil seiner Umgebung als des Gesamtsystems U-Bahn.[58]

Teltowkanal mit Blick aufs Ullsteinhaus

Das schwierigste Hindernis beim Bau des Bahnhofs Ullsteinstraße ist der Teltowkanal; denn den muss die Untergrundbahn irgendwie queren. Um eine Stahlbetonhohlbrücke installieren zu können, wird der Tempelhofer Damm Anfang der 60er-Jahre auf der östlichen Seite zwischen Friedrich-Karl-Straße und Ullsteinhaus um mehr als einen Meter angehoben. In der Brücke werden U-Bahn-Gleise und Bahnhof verlegt, über die Stubenrauchbrücke fahren Pkw, Lkw und Motorräder, unter der Brücke passieren Schiffe den Teltowkanal. Seitdem klappt's auch mit der Verbindung nach Süden. Mehr geht allerdings nicht, denn durch die Stahlbrückenkonstruktion bleibt die Durchfahrtshöhe für die Frachtkähne auf 4,60 Meter begrenzt. Ein Ausbau des Kanals ist so gut wie unmöglich, will man nicht die gesamte Konstruktion wieder abreißen.

Auch die Station Westphalweg ist kein gewöhnlicher Bahnhof. Hier sind die nördlichen Zugänge aus Platzgründen in die Häuser Mariendorfer Damm 61 und 64 verlegt worden.

37 Kilometer lang ist die Berliner Ringbahn, die 1871 in Moabit in Betrieb ging. Hier fahren die S-Bahnen in etwa einer Stunde „rechts" und „links" rund um die Stadt. Täglich sind rund 400.000 Fahrgäste auf dem Ring unterwegs. 1871 steigen die ersten Fahrgäste am Ringbahnhof Tempelhof ein und aus. An die Elektrifizierung der Strecke erinnert heute noch das Kleingleichrichterwerk an der Hoeppnerstraße, in dem der 30.000-Volt-Drehstrom in 800-Volt-Gleichstrom für den Bahnverkehr umgewandelt wird. Betrieben wird die Ringbahn von der Deutschen Reichsbahn (DR), die ab 1949 die Staatsbahn der DDR wird. Auch nach dem Mauerbau 1961 ist die DR für den S-Bahn-Verkehr in Westberlin zuständig. Das funktioniert mehr schlecht als recht, und nach einem Streik der Reichsbahner wird der S-Bahnhof Tempelhof 1980 geschlossen. 13 Jahre wird er vor sich hindämmern, denn erst nach der Wiedervereinigung wird der Personenverkehr auf dem Ring wiederbelebt. Seit Dezember 1993 kann man in Tempelhofs einziger Ringbahnstation wieder losfahren und ankommen.

Neben dem Ringbahnhof Tempelhof gibt es noch einen weiteren S-Bahnhof, die Station Attilastraße an der Bezirksgrenze zu Steglitz. 1895 unter dem Namen Mariendorf eröffnet, liegt sie an der Berlin-Dresdener-Eisenbahn-Strecke und wird seit 1939 von der S-Bahn angefahren. Heute hält hier die S2 auf ihrem Weg zwischen Bernau und Blankenfelde.

Rechnet man alle Tempelhofer Straßen zusammen, kommt man auf knapp 84 Kilometer. Inklusive der beiden Bundesstraßen und dem Teil der Stadtautobahn, die durch den Bezirk führen. Die Bundesstraße 96 (Zittau – Rügen) führt über Kirchhainer, Lichtenrader, Mariendorfer und Tempelhofer Damm bis zum Platz der Luftbrücke einmal von Süd nach Nord durch den gesamten Bezirk.

An der Kreuzung Alt-Mariendorf/Mariendorfer Damm beginnt die B101 nach Aue. Zwei Einbahnstraßen führen um den ehemaligen Dorfanger herum und gehen über die Großbeerenstraße in die Marienfelder Allee über.

Tempelhofer Damm von oben

Am Ende der Teilestraße:
Verkehr auf allen Ebenen

Industrie
Wenn Autobahn und Eisenbahn sich küssen

Machen wir uns nichts vor: Tempelhof hat seine beschaulichen Seiten, doch es gibt auch viel Industrie: 175 Hektar Gewerbefläche am Teltowkanal, an der Großbeerenstraße 211 und an der Motzener Straße 180 Hektar. Damit ist Tempelhof nach Spandau der zweitgrößte Industriestandort Berlins.

Seit 1871 ist die Ringbahn unterwegs, im Osten fährt die Neukölln-Mittenwalder-Eisenbahn, im Westen die Eisenbahn nach Dresden.

Als 1906 der Teltowkanal eröffnet wird, siedeln sich zahlreiche Betriebe zwischen Schienen und Wasser an. Und „obwohl nach einer ab 1872 für Tempelhof gültigen Bauordnung des Potsdamer Regierungspräsidenten diese Landgemeinde ein reines Wohngebiet ohne Industrie" sein soll, beginnt 1908 der industrielle Aufschwung Tempelhofs: „Stahlträger und Schokolade, Filme und Fleischkonserven, Rasierklingen und Reformmöbel, Bücher und Branntweine ... Ende der 20er-Jahre hatten mehr als 30 Fabriken ihren Firmensitz an einem der drei Standorte Ringbahnstraße, Teltowkanal oder Dresdener Bahn."[59]

Vor dem Zweiten Weltkrieg ist Berlin die größte Industriestadt des Deutschen Reichs, und Tempelhof wird ein wichtiger Standort für die Waffenproduktion. In Marienfelde produziert das Daimler-Benz-Werk Geländelastwagen und Flugzeugmotoren, die Rheinmetall Borsig AG ferngesteuerte Lenkbomben und Raketen. Die Fritz Werner AG stellt Gewehrläufe und Geschosswagen her, C. Lorenz AG Maschinengewehrteile und Munition. In den Askania-Werken werden „Kreiselinstrumente für Schlachtschiffe und Flugzeuge, Zubehör für Flak-Geschütze und U-Boote, das Flugleitsystem des deutschen V1-Marschflugkörpers und Komponenten für die V2-Rakete"[60] gebaut. Hergestellt werden die Bauteile vor allem von Zwangsarbeitern, die in Baracken auf dem Firmengelände leben. An sie erinnert ein Gedenkstein auf dem Gelände, das heute der Firma Schindler-Aufzüge gehört.

All diese Betriebe werden 1944/45 von den Amerikanern und Briten bombardiert. Damals gibt es das Wort Kollateralschäden noch nicht, doch auch Wohngebiete, Kirchen, Krankenhäuser und Zwangsarbeiterlager werden dabei zerstört.[61]

Nach dem Krieg verlegen viele Unternehmen ihre Produktion nach Westdeutschland, erst ab Mitte der 1950er-Jahre entstehen neue Fabriken vor allem in Tempelhof und Spandau.

Zu den Industriedenkmalen in der Ringbahnstraße gehört auch der Gewerbehof von Carl Lerm & Gebrüder Ludewig, die eine Eisen- und Drahtverarbeitungsfabrik betreiben. Bis heute ist die funktionale Rasterarchitektur beeindruckend. Daneben liegen die expressionistischen Bauten der Reichsmonopolverwaltung für Branntwein. Sie soll das 1918 erlassene Branntweinmonopolgesetz umsetzen und den Alkoholhandel staatlich kontrollieren. Dazu muss Alkohol, der im Monopolgebiet erzeugt wird, an die Verwaltung abgegeben werden. Dort wird er gereinigt, abgefüllt und – gegen Zahlung einer Verbrauchssteuer – als Trinkbranntwein weiterverkauft. Das Branntweinmonopolgesetz ist bis heute in Teilen gültig, die Kontrolle liegt inzwischen bei der Bundesmonopolverwaltung für Branntweine, die in Offenbach sitzt.

Das Gebäude gegenüber, in der Ringbahnstraße 101-103, ist ein Industriebau im Stil der neuen Sachlichkeit. Errichtet wird er 1931 für die Excentric-Film Zorn und Triller GmbH. Doch die Zeiten sind nicht gut zu der Filmgesellschaft, relativ bald muss sie die Räume vermieten: erst an eine Schule, dann an die Heeresstandortverwaltung. Später übernimmt die Damenoberbekleidungsfirma Friedrich Krause das Haus, in dem heute die Hauptverwaltung der Berliner Stadtreinigung untergebracht ist. Weiter westlich in der Ringbahnstraße steht die Hauptwerkstatt der BSR, ein bedeutendes Werk moderner Industriearchitektur, das 1978 von Josef Paul Kleihues entworfen wird.

Am Ende der Ringbahnstraße sind der Speicher des Garde-Train-Bataillons und das Reichspostzentralamt als Baudenkmale erhalten geblieben.

Im Lorenzweg, direkt am Teltowkanal, produziert die C. Lorenz AG erst Signalanlagen, Fernsprecheinrichtungen und drahtlose Sendeanlagen für die Kaiserliche Marine und das Deutsche Heer. Später stellt das expandierende Unternehmen auf Funktechnik um, baut Großsender für Rundfunkanstalten, produziert Radioempfangsgeräte und präsentiert 1939 bei der 16. Funkausstellung den Deutschen Einheits-Fernseh-Empfänger E 1. Nach der Blockade 1948 zieht die Firma nach Stuttgart-Zuffenhausen. Das Hauptge-

Teltowkanal mit Gewerbehof im Lorenzweg

bäude im Lorenzweg 5, an der Ostseite des Hafenbeckens, ist mit seinem Stahlbetonskelett, großen Fenstern, Be- und Entlüftungsanlage und einer getrennten Nutz- und Trinkwasserversorgung bis heute ein Beispiel für moderne Fabrikarchitektur und -organisation des frühen 20. Jahrhunderts. 1991 wird es in einen Gewerbehof umgebaut.

Zwischen Autobahn, Kanal und Eisenbahn liegt die Teilestraße mit mehreren denkmalgeschützten Industrieanlagen. Zu den ältesten Fabriken zählt das Deutsche Chocoladenhaus, in dem die Sarotti AG seit 1912 ihre Schokoladen herstellt.

56 Meter breit und 84 Meter lang ist die Fabrik, deren Bau 3,5 Millionen Mark kostet, und in dem rund 2.000 Menschen arbeiten. Neben dem Fabrikgebäude steht das dreischiffige Maschinen- und Kesselhaus, gebaut aus Backsteinen und mit einem 90 Meter hohen Schornstein. Die benötigten Kakaobohnen werden in Säcken per Schiff über den Teltowkanal angeliefert. Weil nach dem Zweiten Weltkrieg 85 Prozent der Anlage demontiert worden sind, wird die Produktion erst 1949 wieder aufgenommen und 1998, nach dem Verkauf der Marke Sarotti an Stollwerck, nach Marienfelde verlagert.

Von der Komturbrücke aus sieht man den riesigen Portalkran in der Teilestraße besonders gut. Er wird 1935 von den Vereinigten Berliner Kohlenhändlern (VAUBEKA) am Gleisanschluss aufgestellt, um Kohle und andere Waren von den Schiffen umzuschlagen. 500 Tonnen Kohle können innerhalb von acht Stunden umgeladen werden. Während der Berlin-Blockade kommt dem Kran, der auf einer Länge

Schätzelbergstraße 1–3,
Telegrafenzeugamt

von 233 Metern parallel zum Kanal bewegt werden kann, eine wichtige Rolle zu: „Die Hälfte der eingeflogenen Kohlemenge wurde vom benachbarten Flughafen Tempelhof auf diesen Lagerplatz gebracht und mit Hilfe der Krananlage auf Schiffe, Waggons und Lastkraftwagen verladen und in der Stadt verteilt." Mit einer lichten Höhe von 22 Metern, der 122 Meter langen Verladebrücke aus Eisenfachwerk und der drehbaren Laufkatze mit Greifer ist der Kran die größte historische Krananlage der Stadt. Sie wird 1991 stillgelegt.[62]

Sehenswert sind auch das Telegraphenzeugamt in der Schätzelbergstraße, das Verwaltungsgebäude der Elektro Thermit GmbH in der Colditzstraße, die Bauten der A. Druckenmüller GmbH (später Krupp Stahlbau), in denen die Hangardächer für den Flughafen montiert wurden (Bergholzstraße 1-4).

Bedeutende Unternehmen im Bezirk sind heute Bahlsen, BSR, Gillette (entlang des Teltowkanals), BEKUM Maschinenfabriken, Daimler, Schindler, Tengelmann Logistik, ORCO-GSG (Gewerbegebiet Großbeerenstraße) und, Converteam, Profine, Klosterfrau, Paul Hettich, Selux, SKF und Stollwerck im Gewerbegebiet Motzener Straße.

Einen besonderen Platz nimmt das Ullsteinhaus ein. Neben dem Luftbrückendenkmal ist es weit über Berlin hinaus bekannt und eins der Tempelhofer Wahrzeichen.

KAFFEE UND MOZZARELLA STATT EISEN UND PRALINEN

Wer hätte das gedacht? Mitten im Herzen des Tempelhofer Industriegebiets gibt es eine Kaffeemanufaktur. Seit 2013 betreiben Elisabeth und Willy Andraschko ihre Kaffeerösterei in der Industriestraße 18. Kaffeeaficionados, also leidenschaftliche Kaffeeliebhaber,

Tempelhofer Wahrzeichen: das Ullsteinhaus

sind sie schon viel länger. Schon in den 1970er-Jahren hat Willy Andraschko, damals Mitbesitzer des legendären Café Einstein, eben dort in Schöneberg, erste Bohnen geröstet und feinsten Kaffee daraus gemacht. Doch erst 2005 gründet das Ehepaar in Kreuzberg seine Kaffeemanufaktur Andraschko.

Mit Kaffee ist ähnlich wie mit Wein: Man gibt sein Bestes und doch weiß man nie, wie der Jahrgang wird; denn es ist eine Gleichung mit Unbekannten: Das Wetter kann das Wachstum auf volle Touren bringen oder die Ernte verhageln – bei den Beeren und den Bohnen. Die Andraschkos fahren dorthin, wo der Kaffee wächst: nach Afrika, Südamerika, Asien. Ökologischer Anbau, persönlicher Kontakt, fairer Anbau und fairer Handel gehören zu ihren Geschäftsmaximen. Geröstet werden die Bohnen in Tempelhof. In Trommeln, die gerade einmal 120 Kilo fassen – ganz bewusst setzt die Manufaktur nicht auf permanentes Wachstum, sondern auf Handwerklichkeit. Das macht den Kaffee zu etwas Besonderem, denn die Andraschkos nehmen sich viel Zeit, um die besten Kaffeekombinationen zu finden.

Andraschko-Kaffeemanufaktur in der Industriestraße

Gastfreundschaft wird bei den Andraschkos groß geschrieben. In ihrer Manufaktur wird nicht nur exquisiter Kaffee geröstet, hier gibt es auch das passende Equipment rund um das braune Getränk, Kaffeemaschinen und Bartechnik inklusive. Und natürlich wird in Tempelhof auch geschult. Denn wer ein guter Barista werden will, kann bei den Andraschkos alles über Sorten, Röstung, Bedienung und Aufschäumen lernen.

Und der Kaffee der Andraschkos ist seinen Preis wert. Das weiß auch die Berliner Gastronomie: in der Paris Bar, bei Tim Raue und Sarah Wiener, im Grill Royal, um nur einige Top-Etablissements zu nennen, wird der Spitzenkaffee ausgeschenkt. Knapp 20 unterschiedliche Geschmacks- und Röstmischungen in der typischen knallroten Tüte bietet die Manufaktur. Probieren kann man den Kaffee am besten bei einer Verkostung direkt in Tempelhof.

700 Meter Luftlinie entfernt ist der Mozzarella zu Hause. Aber der ist doch typisch italienisch? Nein, typisch Tempelhof. Und das schon seit 2002. Denn seitdem produziert die Familie Francia mit

inzwischen über 50 Mitarbeitern den italienischen Frischkäse in der Volkmarstraße. Täglich werden hier etwa 160.000 Liter Milch zu Mozzarella, Ricotta und Butter verarbeitet. Die Erfolgsgeschichte beginnt Anfang der 1950er-Jahre im Agro Pontino, der Pontinischen Ebene südöstlich von Rom, als Alceo Francia und seine Brüder die wichtigsten Milchtransporteure der Region sind und täglich 15.000 Liter an die umliegenden Molkereien liefern. Aus der 1970 eröffneten eigenen Käserei entwickeln sich innerhalb weniger Jahre zwei große Betriebe, die neben Kuh- und Büffelmozzarella auch Butter und Ricotta herstellen.

Das Besondere am Francia-Mozzarella in Tempelhof ist, dass er nach Originalrezept und mit natürlicher Säuerung hergestellt wird, ein Verfahren, das nur noch wenige Unternehmen anwenden. Aus acht Litern Milch entsteht ein Kilo Mozzarella, der rund fünf Stunden braucht, bis er reif ist und seine typische Konsistenz und den einzigartigen Geschmack erreicht hat. Die Francia Mozzarella GmbH, bis heute inhabergeführt, beliefert neben Restaurants und kleinen Lebensmittelgeschäften auch große Supermarktketten wie die Bio Company. Und liefert seine Milchprodukte auch nach Italien und in die EU. Buon Appetito!

Francia-Mozzarella aus Tempelhof, hergestellt in der Volkmarstraße

Und sonst ...

Tempelhof ist Bayern. Rund 530 Kilometer vom Rathaus Tempelhof entfernt liegt die niederbayerische Gemeinde Haibach mit ihrem Vorort Tempelhof, in dem es auch eine Tempelhofer Straße gibt.

Tempelhof ist Einöde. Auf der oberbayerischen Frankenalb wird im 13. Jahrhundert ein Gutshof von den Tempelrittern übernommen. Als Teil der Komturei wird er erstmals 1214 als „Besitz der Templer von Moosbrunn" erwähnt und ist heute ein Ortsteil der Gemeinde Adelschlag.

Tempelhof ist richtig alt. Das niedersächsische Tempelhof in der Nähe von Achim wird in der Bronzezeit, zwischen 2200 und 800 v. Chr., besiedelt. Darauf lässt ein noch vorhandenes Erdwerk schließen. Zum ersten Mal wird der Ort unter dem Namen „Tempelachem" 1306 bei den Tempelrittern erwähnt.

Tempelhof ist gebildet. Auf Polnisch heißt Tempelhof Niwki und ist ein kleiner Ort in den Nadelwäldern bei Opole im Südwesten des Landes. 1770 als Kolonie für Siedler gegründet, ist die Ferienhaussiedlung in der Nähe des Turawa-Stausees heute ein beliebter Ausflugsort. Und Sitz eines polenweit einmaligen Weiterbildungsprojekts: Im „Programm Tempelhof" erwerben Deutschlehrer ein Zertifikat, um an Schulen Deutsch unterrichten zu dürfen.

Tempelhof ist anders. Das, was die Berliner ufa-Kommune vor 30 Jahren in Berlin-Tempelhof begonnen hat, wird seit 2010 auch in Süddeutschland gelebt. Im „Schloss Tempelhof", einem ehemaligen Lustschloss an der Grenze von Schwaben zu Bayern, hat sich eine Gemeinschaft von rund 120 Menschen zusammengetan, um anders zu leben: gerecht, spirituell, sinnerfüllt, ökologisch nachhaltig und basisdemokratisch.

Tempelhof ist Musik. Inspiriert von der Atmosphäre in den berühmten Candy-Bomber-Studios auf dem Flughafengelände, nennt Sebastian Krumbiegel, Sänger der deutschen Band *Die Prinzen*, sein drittes Soloalbum „Tempelhof".

Tempelhof ist spielerisch. Lissy Tempelhof ist Theater- und Film-schauspielerin. 1929 in Berlin geboren, beginnt die damals 18-Jährige am Anklamer Theater, tritt in Senftenberg, Dresden und an Berliner Theatern auf, kommt 1954 zum Film und arbeitet noch heute als Fernsehschauspielerin.[63]

Danke schön!

Dany Krohne, Petra Peitz, Dieter Schwahlen und Leo Stahlschmidt für Eure ermutigenden Kommentare, die aufbauenden Gespräche, berechtigte Kritik und erfreuendes Lob. Sünje Hansen und Josefine Meiners für die Fotos, die Ihr bei Wind und Wetter gemacht habt. Christa Martin, Dieter Teubert und Suleika für 14 Tage ungestörtes Schreiben am Niederrhein. Tim Hummel für die sportlichen Kontakte. Meinen Kaffeemädels für Zuckerbrot und Peitsche.

Danke auch an: Prinz Alain-Maurice Kodjo Dah Bokpe von Allada, Sigrid Engelbrecht, Editha und Robert Hahn, Iris Hoffmann, Andrea Jensch, Max Klunker, Hans-Dietrich Kraschewski, Juliane Lahner, Horst Milde, Michael Müller, Sigrid Niemer, Martina Pohl, Fatoş Topaç, Stefan Urmersbach und den Vorstand der Kolonie Feldblume für die interessanten Gespräche. Brunhilde Klein vom Statistischen Landesamt für die Erklärung, wie sich Prognoseräume, lebensweltorientierte Räume und Ortsteile unterscheiden. Heiko Lingk von der Trabrennbahn Mariendorf, Godwin T. Petermann vom Arbeitskreis Historisches Marienfelde und Hafenmeister Jens-Uwe Stiebitz für Fotos. An die Mitarbeiterin im Tempelhof-Museum, die mir so viel Wissenswertes erzählt hat. Und vor allem an die Buchhandlung Menger für die Empfehlung.

Ein großer Dank geht an Ralph Petermann und das Team vom L&H-Verlag für das Vertrauen und die Unterstützung. Danke an Doreen Lemke für die grafische Umsetzung.

Volker: Danke für alles. Immer. Isso.

QUELLENANGABEN

1   Stolpersteine in Berlin
2   Schulenburgring 2 ein Haus von weltgeschichtlicher Bedeutung
3   Denkmale in Berlin. Bezirk Tempelhof-Schöneberg. Imhof Verlag 2007, S. 81
4   Ebenda, S. 72
5   Ebenda, S. 87
6   Gedenkort Papestraße.
7   Denkmale in Berlin, S 92–96
8   Gedenkort Papestraße.
9   Tempelhof-Schöneberg. Straße Plätze Brücken. Bezirksamt Tempelhof-Schöneberg. 2012,. S. 40
10 Informationstafel im Tempelhof-Museum
11 Tempelhof. Bauten, Straßen, Plätze als Zeugen der Geschichte. Ausstellungskatalog. 1992, S. 49
12 Ebenda, S. 6
13 Denkmale in Berlin, S. 107
14 Die Welt, 11.1.2003
15 Denkmale in Berlin, S. 123
16 Ebenda, S. 114/123
17 Ebenda, S. 130 ff.
18 Bezirksamt Tempelhof-Schöneberg.
19 Denkmale in Berlin, S. 43
20 Berlin-Tempelhof. Sabine Kaldemorgen. Sutton Verlag. 2004, S. 95
21 Historischer Hafen Tempelhof 1900–2010, S. 20ff.
22 Tempelhof. Bauten, Straßen, Plätze als Zeugen der Geschichte, S. 42
23 Berlin. Kiez für Kiez. via reise Verlag Klaus Scheddel. 3. überarb. Auflage Berlin 2013
24 Deutsches Pressemuseum im Ullsteinhaus
25 Der Trigonometrische Punkt I. Ordnung Rauenberg. Senator für Bau- und Wohnungswesen.
26 Denkmale in Berlin, S. 158
27 Tempelhof-Museum
28 Trabrennbahn Mariendorf
29 Berlin-Tempelhof, S. 8
30 Denkmale in Berlin, S. 184
31 Schwimmverein Friesen 1895 e.V.
32 Berlin-Tempelhof, S. 68
33 Denkmale in Berlin, S. 185
34 Wikipedia
35 Denkmale in Berlin, S. 168
36 Ebenda, S. 166ff.
37 100 Jahre Berlin-Marienfelde in 333 Bildern. Hans-Werner Fabarius. 2006
38 Tempelhof. Bauten, Straßen, Plätze als Zeugen der Geschichte, S. 17
39 Dieser Beitrag von Isabella Schukraft erschien 2013 im Onlinelokalmagazin www.vorstadtflimmern.de
40 100 Jahre Berlin-Marienfelde in 333 Bildern
41 Denkmale in Berlin, S. 209ff.
42 Kiezseite Berlin-Marienfelde
43 Erinnerungsstätte Notaufnahmelager Marienfelde
44 Berlin-Marienfelde. Peter-Alexander Bösel. 2011
45 Kiezseite Berlin-Marienfelde
46 Tempelhof-Schöneberg. Zwischen Großstadt und Idylle. Bezirksamt Tempelhof-Schöneberg. 2014, S. 56
47 Denkmale in Berlin, S. 221
48 Ebenda, S. 231
49 Ebenda, S .231ff.
50 Salem-Gemeinde
51 Kirchengemeinde Lichtenrade
52 Berliner Senatsverwaltung für Justiz
53 Denkmale in Berlin, S. 230
54 AG Bahnhofstraße
55 Bürgerforum Zukunft Lichtenrade
56 Gebrauchsanweisung für Berlin. Jakob Hein. Piper Verlag. 6. Auflage. 2013, S. 99/100
57 www.lichtenrade-berlin.de
58 Denkmale in Berlin, S. 80
59 Historischer Hafen Tempelhof 1900 2010, S. 41
60 Tempelhof. Peter Buchholz. Colloquium Verlag. 1990, S. 78/79
61 100 Jahre Berlin-Marienfelde in 333 Bildern, S. 173
62 Denkmale in Berlin, S. 145
63 Wikipedia

BILDNACHWEIS

Der Verlag bedankt sich für die freundliche Genehmigung zur Reproduktion ihrer Fotografien bei folgenden Personen und Institutionen:

Coverfotos: o l: **Jens-Uwe Stiebitz** o r: **Sünje Hansen** u l: **Ralph Petermann** u r: **Heiko Lingk**

André Ballin: S. 141 **Online-Archiv Arbeitskreis Historisches Marienfelde** www.mein-marienfelde.de: S. 101, 106, 116 **Francia Mozzarella GmbH:** S. 165 **Privatarchiv Familie Hahn/HAHN Bestattungen:** S. 84, 88 **Sünje Hansen:** S. 65, 68, 73, 75, 77, 79, 81, 82, 95, 96, 97, 98, 99, 103, 113, 115, 121, 122, 123, 124, 125, 127, 129, 130, 131, 132, 133, 135, 138, 139, 140, 142, 145, 147, 149, 151 **Hilker GmbH:** S. 164 **Svenda Hofmann** www.brausezimt.de: S. 39 **Heiko Lingk:** S. 63 **Josefine Meiners:** S. 8, 9, 11, 15, 16, 17, 60 **Horst Milde:** S. 32, 33 **Thomas Moser** www.lichtenrade-berlin.de: S. 126 **Museen Tempelhof-Schöneberg:** S. 29, 104 **Ralph Petermann:** S. 12, 19, 28, 36, 43, 50, 109,155, 163 **Jenny Sieboldt:** S. 58 **Jens-Uwe Stiebitz:** S. 6, 53, 54 **Archiv ufaFabrik:** S. 56 www.klaus-wowereit.de: S. 143

Alle weiteren Fotos: **Katrin Schwahlen**

IMPRESSUM

© 2015 L&H Verlag
Bernauer Straße 8a
10115 Berlin
Telefon +49. 30. 34709515
Fax +49. 30. 34709516
www.lh-verlag.com

Autorin Katrin Schwahlen
Lektorat Ralph Petermann, L&H Verlag
Layout und Satz Doreen Lemke, Berlin
Herstellung und Covergestaltung Mareike Hutsky, L&H Verlag
Druck und Bindung Westermann Druck Zwickau GmbH

Bibliografische Information der Deutschen Bibliothek
Die Deutsche Bibliothek verzeichnet diese Publikation in der Deutschen Nationalbibliografie. Detaillierte bibliografische Daten sind im Internet über http://dnb.ddb.de abrufbar.

ISBN 978-3-939629-37-5
1. Auflage 2015